5만 번
응답받은
뮬러의
기도비밀

개정판

| 홍일권 지음 |

개정판
5만 번 응답받은
뮬러의 기도비밀

ⓒ 생명의말씀사 1995, 2001, 2009

1995년 9월 30일   1판 1쇄 발행
2001년 3월 20일   37쇄 발행
2001년 9월 1일   2판 1쇄 발행
2008년 7월 10일   18쇄 발행
2009년 7월 20일   3판 1쇄 발행
2024년 10월 31일   17쇄 발행

펴낸이 | 김창영
펴낸곳 | 생명의말씀사

등록 | 1962. 1. 10. No.300-1962-1
주소 | 서울시 종로구 경희궁1길 6 (03176)
전화 | 02)738-6555(본사) · 02)3159-7979(영업)
팩스 | 02)739-3824(본사) · 080-022-8585(영업)

지은이 | 홍일권

기획편집 | 김정옥, 윤나영
디자인 | 박인선, 정혜미, 김혜진
인쇄 | 영진문원
제본 | 보경문화사

ISBN 978-89-04-15858-4 (03230)

저작권자의 허락없이 이 책의 일부 또는 전체를
무단 복제, 전재, 발췌하면 저작권법에 의해 처벌을 받습니다.

5만 번
응답받은
뮬러의
기도비밀

머리말

    기독교 역사상 기도 응답을 많이 받기로 소문난 인물이 있다. 바로 오직 기도로 세계적인 고아원을 운영했던 하나님의 사람 '조지 뮬러'이다. 기도에 대해선 뮬러를 능가할 만한 사람이 그리 많지 않을 것이다. 기도 응답을 무려 5만 번 이상 받은 사람이기 때문이다.

  대부분의 그리스도인들은 도대체 그가 어떻게 살았고 어떻게 기도를 드렸기에 5만 번이라는 놀라운 응답을 받았는지 몹시 궁금할 것이다. 특히 그의 기도 응답의 비밀과 기도의 삶을 조금이라도 배우고 자신들의 삶에 적용하기를 갈망할 것이다.

본서를 기록하게 된 것은 기도를 함께 배우고자 하는 작은 마음과 더불어, 좀더 하나님과 가까워지고 기도의 신비한 매력을 회복하고자 하는 소망에서였다. 아울러 하나님 나라와 이웃을 위한 이타적 사랑과 섬김의 회복에도 도움이 되길 바란다.

본서는 특히 기도 생활을 잘하는 사람들보다 오히려 기도에 연약한 사람들을 위해 기록했다. 기도에 전혀 무관심한 사람, 기도할 시간마저 얻지 못하는 사람, 기도하다가 낙담해 버린 사람, 기도를 해야 할 줄 알면서도 안 되어 고민하는 사람, 기도 생활은 하면서도 참 기도의 맛을 모르는 사람들에게 어느 정도 도움이 되리라 기대한다.

본서는 조지 뮬러의 전기나 간증집도 아니고, 그의 생애를 깊이 있게 다룬 책도 아니다. 수많은 기도 응답의 사례들을 기록한 책은 더욱 아니다. 더욱이 요술 같은 기적의 응답 방법을 밝힌 책도 아니다. 단지 뮬러가 수많은 기도 응답을 받기까지 배후에 숨겨진 삶의 열쇠를 제시하는 데 가장 큰 의미를 두었다.

만일 조지 뮬러의 생애를 좀더 깊이 알고 싶다면 그의 간증집이나 자서전을 읽으면 도움이 될 것이다. 그가 남긴 기도의 발자취는 오늘날도 여전히 많은 감명을 주고 있다.

끝으로 본서는 그의 생애보다 기도 응답 배후의 열쇠를 제시하기 위해 노력했기에 문장이 다소 딱딱하게 느껴지는 부분도 있어 미리 양해를 구한다. 하지만 기도로 끝까지 인내하며 읽어나갈 때 더 큰 것으로 보상해 주시리라 믿는다.

지금까지 부족한 글을 위해 기도해 주시고 정성껏 수고해 주신 분들에게 진심으로 감사드리며, 아울러 이 책을 대하는 독자 여러분에게 하나님의 은총이 임해 이전보다 더욱 복된 기도의 삶으로 회복되길 진심으로 간구한다.

"오 주님, 주님과 좀더 깊이 교제하기를 원하는 이들에게 이 책을 읽는 동안 기도의 큰 은혜가 임하게 해주소서! 주님께만 모든 영광이 돌아가길 원하나이다."

_ 홍일권

조지 뮬러의 생애 George Müller 1805-1898

1805년   프러시아 크로펜스타트에서 출생.
1825년   할레대학 재학시 회심.
1826년   설교 사역 시작.
1829년   선교 사역을 위해 런던으로 건너감.
1830년   에벤에셀교회 목사가 됨.
1835년   브리스톨에 있는 애슐리 다운에서 고아원, 성경학교를
         세워 운영했고, 베데스다교회 등에서 목회를 함.
1870년   고아원 운영을 라이트에게 넘김.
1875-1892년   세계 42개국을 순회하며 300만 명에게 복음 전파.
1898년   브리스톨의 애슐리 다운에서 생을 마감.

조지 뮬러는 세무원으로 일하던 아버지 밑에서 적절한 교육을 받지 못한 채 자라났다. 아버지의 편애와 부적절한 물질 관리로 형제들 사이에 불화와 낭비가 심했다. 뮬러는 10세가 되기도 전에 상습적으로 아버지의 주머니를 터는 탕자가 되었다. 그 후 19세까지 아버지의 돈을 허비하며 거짓말과 술을 즐기는 방탕한 생활을 했다. 나쁜 손버릇 때문에 형무소 독방에 24일간 갇히기도 했다.

그러던 중 1825년 11월 중순, 어느 토요일 저녁 한 모임에서 그의 생애에 놀라운 전환점이 찾아왔다. 무릎 꿇고 기도하는 한 그리스도인의 모습에 큰 감명을 받아 자신의 부끄러운 모습을 깨달았던 것이다. 그는 복음을 통해 용서하시는 하나님을 만났고, 그 후 기도하는 그리스도인이 되었다.

1826년경 선교 저널을 읽는 가운데 선교에 대한 꿈을 키우게 된 그

는 마침내 고아들에 대한 하나님의 분명한 소명을 받았다. 그 후 학문에 전념한 그는 무려 6개국 언어에 능통해졌고, 이것은 훗날 선교 사역에 많은 도움이 되었다.

대학 졸업 후 의사인 솔턱 박사의 도움으로 영국에 선교사로 간 뮬러는 브리스톨 애슐리 다운에 고아원을 세워 2천 명이 넘는 고아들을 기도로 양육했다. 1865년에서 1895년 사이 30년 동안 2,566명의 고아가 신자로 그 고아원을 떠난 것으로 알려졌다.

뮬러가 고아 사역에 헌신하게 된 출발점은 "하나님은 고아의 아버지시며"시 68:5라는 말씀이었다. 몇 명의 고아를 데리고 시작한 사역은 1백 명, 1천 명 늘어나 2천 명을 넘어섰다. 놀라운 것은 그 많은 고아들을 어떻게 먹이고 입혔느냐는 것이다. 그는 정부의 힘을 빌린 일도, 특정한 부자에게 손을 내민 일도 없었다. 단지 순수하고 온전하게 하나님 아버지 한분만을 신뢰하고 기도했을 뿐이다.

뮬러가 세운 고아원의 소녀들

2천 명이 넘는 고아들을 매일 세 끼씩 먹여야 하는 부담이 얼마나 컸겠는가! 그 엄청난 부담보다 뮬러의 믿음이 더 컸다는 사실 앞에 놀라지 않을 수 없다. 그의 뜨거운 믿음의 기도로 60년 동안 150만 파운드의 돈이 주님의 뜻대로 사용되었다. 한 보고에 따르면, 기도 응답으로 7천5백만 달러에 달하는 돈을 공급받았다고 한다.

그렇게 기도로 뮬러는 세계에서 제일 가는 고아원을 세웠을 뿐만 아니라, 죽을 때까지 1만여 명의 고아를 양육하고 15만여 명의 고아들에게 영향을 미치며 하나님의 사랑을 확인해 주었다. 그 영향은 후대에까지 이어져 오늘날 전세계의 사람들이 그를 '고아의 아버지'라 부른다.

또한 기도로 '성경보급회'를 설립해 세계 전역에 걸쳐 여러 나라 언어로 번역된 28만여 권의 성경과 1백45만여 권의 신약, 2만 1천여 권의 시편, 성경의 각 부분을 따로 발췌한 22만 2천여 권의 책을 배포했다. 성경과 관련된 복음 책자는 1873년까지만 계산해도 300만 권이 넘게 배포되었다. 한 보고서는 이렇게 밝히고 있다.

"성경이 배포된 것과 비슷한 방법으로 성경에 관련된 책과 팸플릿 및 소책자들 1억 1천만 권이 배포되었다. 존경하는 독자여, 수만도 아니고 수십만도 아니고 무려 1억 1천만 권이 넘는다!"

그는 1875년부터는 70세의 고령으로 세계 선교 여행을 시작해 88세까지 유럽, 아시아, 아메리카 등 20만 마일을 여행했으며, 세계 42개국을 다니면서 3백만 명이 넘는 사람들에게 8천 회 이상 복음을 전했다. 그는 더 숙성되고 더 깊어진 사랑, 대양보다 더 넓은 사랑의 가슴을 가지고 세계를 향했던 것이다.

그는 또한 여러 교회와 신학교를 도우며 선교사들까지 지원했다. 그가 지원했던 학교는 일곱 군데로서 학생 수가 8만 명이 넘었다. 브리스톨 고아원 골방에서 묻어나온 사랑의 향취가 어려운 지구촌에 뻗어나갔던 것이다.

기도와 사랑으로 헌신하던 조지 뮬러는 1898년 3월 10일 목요일 아침에 사랑하는 고아들을 남겨 둔 채 93세를 일기로 고요히 눈을 감았다. 그토록 연모하던 하늘나라로 간 것이다. 그는 절망이 아닌 부활을 기약하며 소망의 지평선을 넘어갔다. 이 땅에서 뿌렸던 수고와 기도 흔적들로 에메랄드처럼 빛나는 하늘나라에 지워지지 않는 자수를 새겨놓은 채로!

뮬러가 머물다 간 자리에는 고아들이 남았다. 아버지와 같은 존재를 떠나 보낸 아이들, 그 그리움과 상실감은 얼마나 컸을까? 하지만 뮬러가 엄청난 소망을 보여 주었기에 고아들도 눈물을 닦고 용기를 가지고 미래를 향해 나아갈 수 있었다.

뮬러가 죽은 후 사위 짐 라이트가 고아원을 맡았다. 그 역시 뮬러의 마음을 본받아 사역하다가 세상을 떠났다. 하지만 뮬러가 사역했던 아름다운 땅 브리스톨에서는 그 후손들이 고아 사역을 계속 이어오다가 영

조지 뮬러 기념관

국이 완전히 선진화되면서 교육의 산실로 거듭났다. 이제 그의 고아 사역의 영향은 가난한 아시아, 아프리카 등 전세계로 이어지고 있다.

"오, 하나님! 주께서 바로 믿음의 사람 조지 뮬러를 만드셨습니다. 수많은 응답을 제공해 주신 주님, 이제 이 책을 대하는 제게도 그 응답의 영광을 보여 주소서!"

- 머리말 5
- 조지 뮬러의 생애 8

제1장 순수한 기도 동기 | 14

제2장 기도에 대한 애착심 | 26

제3장 하나님을 향한 100% 신뢰도 | 40

제4장 기도를 배우는 삶 | 54

제5장 응답에 대한 기대 | 64

제6장 은밀한 기도 | 72

제7장 한 영혼을 향한 뜨거운 사랑 | 83

제8장 하루 중 최상의 시간을 드림 | 89

제9장 겸손한 삶 | 96

제10장 나누어 주는 삶 | 104

CONTENTS

제11장   하나님의 때를 기다림 | 117

제12장   평온을 확인하고 유지함 | 131

제13장   성령을 사모하고 의지함 | 144

제14장   하나님께만 호소함 | 156

제15장   완전한 맡김 | 163

제16장   깨끗한 물질관 | 170

제17장   하나님의 뜻을 추구함 | 182

제18장   포기하지 않는 믿음과 기도 | 194

제19장   기도를 기록하고 점검하는 습관 | 204

제20장   뮬러를 변화시킨 27가지 성경 말씀 | 214

■ 부록 236

chapter 1
순수한 기도 동기

조지 뮬러, 그의 동기는 너무나 순수하고 아름다웠다.

보좌를 움직이는 기도는
바른 동기로 시작되는 기도이다.
하나님은
기도하는 사람의
시간이나 형식보다
그 동기를 눈여겨보신다.

순수한 동기

뮬러의 기도의 가장 큰 매력을 꼽자면, 기도의 동기가 너무나 순수하고 아름다웠다는 것이다. 그의 기도 생애를 지켜본 가족, 직원, 고아들 등 주변 사람들의 증언에 따르면, 그의 기도에서는 이기적 욕심의 흔적을 전혀 볼 수 없었다고 한다. 그는 혹시 사사로운 그릇된 동기나 이기적인 생각이 숨겨져 있지는 않은지 늘 자신의 마음을 살폈다.

뮬러의 사역이 인정받은 열쇠는 그의 순수한 동기 때문이었다. 그가 품은 모든 기도의 동기 또한 오직 하나님 한분만을 높이는 것이었다. 이처럼 동기가 순수했기에 하나님께 풍성한 응답을 받을 수 있었던 것이다. 이것은 훗날 아주 귀중한 일로 평가되었다.

뮬러는 응답받는 기도의 다섯 가지 조건을 제시하면서 특히 두 가지를 강조했다.

알고 있는 모든 죄를 자백해야 한다. 우리 마음에 죄악을 품으면 곧 죄를 인정하는 것이나 다름없어 주께서 듣지 아니하시기 때문이다. ……하나님의 뜻을 따라 간구해야 한다. 간구의 동기가 순수해야 한다. 우리의 정욕을 위해 쓰려고 하나님의 선물을 구해서는 안 된다.

이처럼 뮬러는 기도 동기를 깨끗하게 유지하려고 항상 노력했다. 그리스도인이라면 한나의 기도를 너무나 잘 알 것이다. 그 여인은 자식이 없는 것도 괴로운데, 그로 인해 다른 여인브닌나에게 업신여김까지 받았다. 그러한 고통을 한나는 어떻게 극복했을까? 성경은 이렇게 말한다. "한나가 마음이 괴로워서 여호와께 기도하고 통곡하며"삼상 1:10.

여기서 주목할 점은 한나의 기도 동기가 무엇이었느냐 하는 것이다. 보통 사람 같으면 아마 브닌나에게 당한 설움을 갚기 위한 것이었겠지만, 그녀는 아들을 주시면 하나님의 일꾼으로 바치겠다는 순수한 헌신의 마음으로 구했다. 이처럼 기도의 동기가 하나님 앞에서 아름다울 때 하나님께 영광이 되며 놀라운 응답의 문이 열릴 수 있다.

그렇다면 뮬러의 기도 동기는 무엇이었을까?

뮬러의 5가지 기도 동기

1. 고아들을 사랑하는 마음

뮬러는 자신의 사역 목적을 분명하게 밝힌 적이 있다. 거기서 첫 번째 동기를 찾을 수 있다.

나는 가난한 아이들과 고아들을 돕는 일, 그리고 하나님의 도우심으로 그 아이들이 아름다운 일생을 보낼 수 있도록 주님의 도구로 쓰임받기를 간절히 원했다. 또한 이 고아원이 고아들을 하나님의 훈계로 잘 양육하는 데 사용되길 특별히 열망했다. 하지만 무엇보다도 나와 직원들이 어떤 사람에게도 도움을 청하지 않고, 단지 기도와 믿음으로 고아들이 모든 것에서 풍요를 누리고, 그렇게 함으로써 하나님은 지금도 신실하시고 기도를 들으시는 분임을 나타내는 것이 이 사역의 첫째 되는 목적이었다.

이러한 동기는 하나님의 마음에 합한 진정한 축복의 워밍업이었다. 그는 자신의 생명만큼 작은 자를 아끼는 사랑이 있었다. 자신의 풍요가 아니라 고아들의 풍요를 구하는 사랑의 동기가 있었다. 고아들을 돌보는 데 자신의 모든 것을 내어 주고자 하는 선한 마음이 있었다. 그의 마음에는 밤낮 고아들을 사랑하는 고결함이 가득 차 있었고, 그의 기도에는 부모를 잃어버리고 배고파하는 고아들을 돌보고자 하는 깊은 애정이 있었다. 말로만 사랑한 것이 아니라 친히 고아들의 손발이 되었으며 생사고락을 함께했다. 그것도 생애를 송두리째 바쳐서!

그의 마음은 누가복음 10장에 나오는 선한 사마리아인의 불쌍히 여기는 마음과 일맥상통한다. "불쌍히 여겨"33절, 스프랑케조마이라는 단어는 창자가 끊어지는 듯한 긍휼을 의미한다.

뮬러의 모든 기도는 한 영혼을 향한 뜨거운 사랑에서 나온 것이었다. 그는 영혼을 사랑하는 마음으로 매일매일 기도했고, 하나님은 기꺼이 매일매일 응답해 주셨다. 이웃 사랑, 영혼 사랑, 작은 자 사랑으로 자리 잡힌 그의 진지한 기도는 분명한 응답을 지속적으로 받아 낼 수 있는 근거가 되었다. 그것은 곧 응답의 준비요 축복의 통로였다.

뮬러는 자신이 어떻게 먹고 사느냐에는 전혀 관심이 없었다. 나의 입을 것, 나의 먹을 것, 나의 이름, 나의 미래에 대해서는 하늘에 맡긴 채 오로지 고아들, 그리고 하나님과 세계 선교뿐이었다. 자신의 배고픔은 잊은 채 고아의 배고픔을 위해 몸부림쳤다고 하니 그의 기도 동기가 얼마나 깨끗했는가. 그렇게 아름다운 기도였기에 하나님은 하늘 창고를 열어 고아들의 허기진 영과 배를 풍족히 채워 주셨다.

2. 하나님의 뜻을 구함

조지 뮬러가 영국으로 가기 전 곧 하나님 사역에 뛰어들기 전에는 몹시 쇠약한 상태였다. 군복무 부적격자라고 판정받을 정도였다. 그런데 언젠가부터 영혼 깊은 곳에서 희망과 기쁨이 솟아나기 시작했다. 사역 가운데 임하는 하나님의 은혜 때문이었다. 육신은 연약했으나 영적으로는 충만해진 것이다. 죽음이 두렵지 않았다. 하루 속히 주님께 가고 싶었다. 그는 병상에서 약을 먹으며 기도했다. "주님, 세상의 약은 단지 물과 같습니다. 제 생명은 주님 손에 달렸습니다. 오직 주님의 생각에 가장 좋은 것으로 하여 주소서!" 2주 후 뮬러는 몸이 회복되어 다시 하나님의 사역을 훌륭하게 감당할 수 있었다.

뮬러는 자신의 생각이 아니라 '주님의 생각'을 구했다. 살고 죽는 것까지 주님께 온전히 맡겼다. 하나님은 그 아름다운 동기를 보시고 가장 선한 응답을 주셨다. 하나님의 뜻을 이루기 위한 기도의 동기가 분명히 세워질 때 하나님의 마음을 움직일 수 있으며 놀라운 응답을 받을 수 있다.

사람들은 하나님의 뜻이라고 말하면서도 실상은 이기적 욕심을 앞세울 때가 대단히 많다. 심지어 "하나님을 위해서 이것도 하고 저것도 하리라." 하면서 하나님의 이름을 자신의 성공의 수단으로 이용하는 경우도 많다. 하지만 바울은 스스로 속이지 말라고 하면서 하나님은 업신여김을 받지 않으신다고 분명하게 밝혔다갈 6:7.

예수께서 잡히시기 전 겟세마네 동산에서 마지막으로 간절히 드리신 기도는 바로 하나님 아버지의 뜻을 이루어 주시라는 기도였다눅 22:42-44. 주님은 그 기도대로 아버지의 뜻을 좇아 십자가를 지셨다. 그 결과 절망에 처한 인류에게 최대의 소망을 안겨 주셨다.

이처럼 기도란 내가 원하는 것들이 아니라 하나님께서 원하시는 것들을 구하는 것이다. 하나님의 뜻을 알고 그 뜻을 이루기 위한 기도가 진정 살아 있는 기도이며, 하나님 앞에서 가장 가치 있는 기도이다. 내 소원보다 하나님의 소원을 파악하는 일, 내 주장보다 하나님의 뜻을 먼저 구하는 일, 내 마음보다 하나님의 마음으로 깊이 들어가는 것, 이것보다 더 귀중한 것은 없다!

3. 정직한 마음

뮬러의 삶과 기도를 유심히 살펴보면 위선과 가식이 없었다. 기도할 때 인위적 방법을 동원해 흉내 낸다거나, 상황을 과장하거나, 기도를 포장하는 일이 없었다. 그는 주변 사람들과 아이들과의 관계에서 진실만을 보여 주었고, 무엇보다도 하나님과의 관계에서 순수하고 정직했다.

정직은 청결 없이는 불가능하다. 주님은 "마음이 청결한 자는 복이 있나니 그들이 하나님을 볼 것임이요"라고 하셨다마 5:8. 여기서 청결은 내면의 정결을 의미하는 단어로 회개와 연결되고, 일상적 뉘우침이 아니라 근본적인 돌이킴을 의미한다. 곧 그리스도의 마음에 들어가는 것이다.

뮬러는 없는 것을 있는 척하지 않았고, 모르는 것을 아는 척하지 않았다. 하나님의 능력을 과소평가하거나 자신의 능력을 과대포장하지도 않았다. 그는 순도 100%의 정금처럼 하나님을 향한 정결한 믿음을 날마다 추구하고, 그 믿음으로 기도했다. 자신 앞에서나, 하나님 앞에서나, 이웃 앞에서나 정직한 모습을 그대로 유지했다. 그의 기도 동기는 정직한 삶으로 반영되었고 그것은 하늘보좌의 응답으로 돌아왔다.

교회에 다니는 사람들 중에도 사람 앞에서는 정직한 것 같으나 하나님 앞에서는 거짓된 사람이 있다. 가족이나 남을 속이는 사람이 기도 응답을 받으려는 것은 허황된 꿈에 불과하다. 하나님은 너무도 정직하시며 거룩하시기 때문이다. 진실한 회개를 통해 정직한 삶으로 돌아올 때에야 비로소 그분의 응답을 기대할 수 있다.

뮬러의 기도는 신실했다. 이런 기도는 하루아침에 이루어지지 않는다. 어린 시절 방황했으나 그리스도 앞에 돌아온 후 오랜 세월 동안 기도와 말씀 묵상 가운데 경건의 훈련을 쌓으며 진실을 익혀 왔고, 그 진실을 기도와 말씀 안에서 확고하게 세웠기에 가능했다.

뮬러의 정직한 모습은 만나는 사람들의 마음을 움직이고 감동시켰다. 때로는 사람을 만나기도 전에 기도의 골방에서 다른 사람을 감화시켰다. 하나님을 등진 거짓말하는 자들을 돌이키기도 했다.

정직의 회복, 이것이 무엇보다 우선적이다. 구약의 한 성도는 이렇게 기도했다. "내 안에 정직한 영을 새롭게 하소서"시 51:10. 사도 요한이 보았던 열린 하늘의 백마 탄 자는 이름이 "충신과 진실"이었다계 19:11.

진실한 기도는 기도 응답을 받을 수 있는 최선의 길이다. 거짓된 동기에서 출발한 기도는 어떤 열매도 기대할 수 없지만, 정직한 동기에서 출발한 기도는 하나님께 열납되어 풍성한 열매를 맺을 수 있다. 하나님은 정직한 자의 기도를 기뻐하신다잠 15:8.

뮬러는 기도 시간을 자랑하는 일을 철저히 금했다. 그래서 기도 노트에 기도를 얼마나 오래 했는지를 강조한 적은 한번도 없었다. 그보다 더 중요한 것은 하나님이 원하시는 '정직한 기도'였기 때문이다.

악인의 제사는 여호와께서 미워하셔도 정직한 자의 기도는 그가 기뻐하시느니라 잠 15:8

4. 말씀 묵상

뮬러는 변화되어 고아원 사역에 뛰어들기에 앞서 성경 묵상에 심취했다. 그가 남긴 한 기록에 의하면 처음에는 기도를 무척 망설였다. "나는 두 주 동안 고아원 설립에 필요한 돈이나 사람을 위해 결코 기도하지 않았다." 하지만 성경을 열심히 읽는 가운데 1835년 12월 5일 기도 제목들이 한꺼번에 바뀌고 말았다. 시편 81:10 말씀에 크게 감동을 받았던 것이다. "네 입을 크게 열라 내가 채우리라"는 말씀에 도전받은 뮬러는 무릎을 꿇고 고아원 사역을 풍성히 채워 주시라고 구했다. 사사로운 욕심에서가 아닌 고아원 사역을 위해 입을 크게 열고 구하는 일이 하나님께 잘못이 아님을 깨달은 것이다.

그 후 뮬러는 그 말씀을 붙들고 계속 더 크게 기도했다. 마음껏 고아원 사역을 위한 필요들을 요청했다. 하나님은 말씀 안에서 순수한 동기로 입을 크게 열었던 그에게 풍성한 응답의 수확을 맛보게 하셨다.

고아들을 위한 순수한 기도의 열정도 "하나님은 고아의 아버지시며"시 68:5라는 구절에서 일어났다. 뮬러는 하나님 말씀을 아침저녁으로 묵상하면서 많은 기도 제목들을 발견했고, 그 약속의 말씀들을 마음 깊이 간직함으로써 엄청난 영적 힘을 갖게 되었다.

뮬러는 하나님 말씀을 읽고 묵상하는 가운데 또 다른 효과를 맛보았다. 자신의 잘못된 기도의 욕심들을 제거하는 발판으로 삼은 것이다. 비록 자신의 기도 제목들이 성경에 상세히 기록되어 있지 않더라도 말씀을 정규적으로 읽고 묵상하며 기도하는 동안 진정 하나님 마음에 합하도록 기도가 아름답고 거룩하게 정비될 수 있었다.

그는 기도가 응답되기까지 항상 그 배후가 하나님 말씀으로 주장되도록 했다. 말씀으로 시작되고 말씀으로 다스림받는 기도는 대단히 효과적이다. 말씀을 뒤로 한 채 드려지는 기도는 대부분 인본주의 기도로 땅에 떨어져 버리기 쉽다.

뮬러의 일과를 관찰해 보면, 그 무엇보다도 하나님 말씀을 가까이했다. 말씀이 뮬러의 손을 수없이 거쳐 가면서 기도의 능력이 되었고, 하나님의 뜻과 음성을 분별하는 지혜가 되었으며, 사물의 이치를 빨리 깨닫고 정확하게 처리하는 적응 능력이 되었다.

하나님은 그분의 말씀을 통해 교제하기를 기뻐하신다. 말씀에 감동받은 사람들로 하여금 기도하게 하시고 응답의 확신을 주신다. 말씀을 가까이하는 훈련, 기도로 세미한 음성에 귀기울이는 훈련을 끊임없이 쌓은 뮬러는 하나님의 마음을 읽을 수 있었으며, 기도를 통해 남이 경험하지 못한 기적적이고 신비한 응답을 풍성하게 체험했다.

5. 살아 계신 하나님의 증거

뮬러가 고아원을 운영하게 된 가장 큰 이유는 바로 '살아 계신 하나님이 기도를 들으시는 분'이라는 사실을 나타내기 위함이었다.

그에 관한 수많은 자료들을 살펴보면, 기도 동기와 목적에 대해 자주 언급하면서, 자신의 사역과 기도 응답을 통해 주위 사람들에게 '살아 계신 하나님'을 분명히 나타내기 위한 것임을 여러 곳에서 밝히고 있다. 자신의 숨은 기도와 봉사의 수고들을 나타내기 위함도 아니며, 자신의 기도 능력을 보이기 위함도 아니었다. 더욱이 기도가 자신의 사사로운 목적을 이루기 위한 수단으로 이용되는 일은 결코 용납하지 않았다. 뮬러는 오직 기도의 진정한 가치가 하나님 그분을 나타내기 위함임을 깨닫고 철저히 실천했다.

뮬러에게는 수많은 고아들을 하루 세 끼씩 그것도 수많은 날들을 계속 채워 주어야만 하는 엄청난 부담이 있었으나, 그때마다 적절하게 하나님의 은혜의 손길이 임했다. 고아들이 한번도 굶주림에 허덕인 일이 없을 정도로 하나님은 신실하셨다. 뮬러는 한번도 사람에게 손을 벌린 적이 없었다. 오직 기도를 통해서만 물질을 공급받았다. 뮬러가 매일 기도하는 동안, 하나님의 선하신 손길도 계속되었다.

고아들은 육체의 양식만 먹은 것이 아니라, 뮬러의 기도와 말씀의 가르침으로 생명의 양식을 먹으며 자라났다. 그들은 하나님의 살아 계심을 분명하게 볼 수 있었다. 하나님은 뮬러의 선교 사역뿐만 아니라 그의 기도를 통해서도 그분의 살아 계심을 드러내신 것이다.

뮬러는 허상을 보여 준 것이 아니라 하나님의 실상을 보여 주었다. 허구와 실제는 다르다. 기도의 동기가 살아 계신 하나님의 증거로 집중될 때 하나님은 역사하신다. 하나님은 그 동기의 아름다움을 소중히 여기시며 무척 기뻐하시기 때문이다.

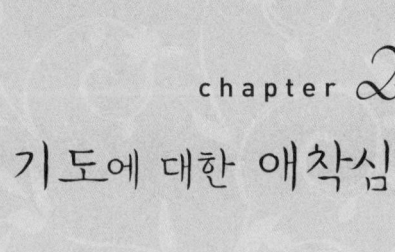

chapter 2
기도에 대한 애착심

조지 뮬러, 그는 기도에 대한 애착심이 남달리 강했다

기도에 대한 애착심이 강하다는 것은
기도하기를 좋아한다는 말이며
동시에 하나님과의 관계가
특별히 밀접하다는 것을 의미한다.

기도에 붙들림

조지 뮬러는 기도에 큰 가치를 부여했다. 그와 하나님과의 긴밀한 유대감에는 그 어떤 것도 끼어들 수 없었다. 그는 지식적 감정적 의지적 유대감을 뛰어넘어 일거수일투족 기도로 점철된 삶으로 호흡한 진정한 기도의 사람이었다. 세인들이 세상에 유착되어 살아가는 동안 뮬러는 하나님께 붙들려 기도로 숨쉬며, 하나님의 고결한 사역에 뜨거운 기도의 열정을 가지고 모든 것을 바쳤다.

그는 기도 없이는 한순간도 살 수 없는 사람이었다. 기도로 생각하고, 기도로 계획하며, 기도로 말하고, 기도로 행동했다. 그에게는 기도가 최우선이었으며, 다른 어떤 것보다 기도를 중요하게 여겼다. 기도 없이는 일을 추진하지 않았으며, 기도 없이는 초청에 응하지 않았고, 기도 없이는 사역에 임하지 않았다. 반드시 기도하고 고아를 먹였으며, 기도하고 성경 공부를 했으며, 기도하고 일을 진행했다.

그는 기도를 너무나 열렬히 사랑해서 기도로 목욕하고 기도로 향기를 발하고 기도의 꽃을 활짝 피운 하나님의 신실한 사람이었다. 그를 가까이했던 사람들은 모두가 그의 기도의 향기를 맡을 수 있을 정도였다. 분명히 뮬러에겐 그토록 기도에 애착을 보일 수 있었던 중요한 요인들이 있었다.

매일 기도에 도전하는 열정

과녁을 정확하게 맞추는 신궁은 하루아침에 만들어지지 않는다. 끊임없는 도전과 수많은 훈련의 시간이 필요하다. 우는 사자처럼 달려드는 사탄에게 잡아먹히지 않고 성령의 지혜와 말씀의 검으로 물리치는 뛰어난 그리스도의 군사 역시 오랜 기도로 단련되어야 한다.

뮬러는 매일을 기도로 시작하고, 기도로 비전의 실현에 도전했다. 그의 기도를 향한 열정은 누구나 느낄 수 있을 정도였고, 주위 사람들이 한결같이 "저 분은 정말 기도의 사역자구나!" 할 정도로 기도의 모본을 보였다. 그는 매일 기도의 골방으로 들어갔고, 하나님은 매일 좋은 것들로 응답해 주셨다.

뮬러는 여유로운 중에 기도한 것이 아니라 굉장히 바쁜 중에 열 일을 제쳐 두고 기도했다. 하나님은 뮬러가 바쁠 때 했던 기도를 특별히 기억하시고 넘치게 보상해 주셨다.

종교 개혁자 마르틴 루터가 부패한 종교를 바로잡기 위해 동분서주할 때 너무나 힘들고 너무나 바빴다. 하지만 그는 이렇게 고백했다.

"시간이 너무 부족하구나! 하지만 이 많은 업무와 막중한 사명을 감당하기 위해 이제 두 배로 기도하리라."

그는 강한 성이신 하나님을 의지하고 평소보다 더 많이 엎드렸다. 그 결과 가장 어렵고 힘든 일을 단시간에 처리할 수 있었으며, 마침내 종교 개혁을 승리로 이끌 수 있었다.

이처럼 기도는 하나님 앞에서 특별하고 소중한 일이다. 기도를 전혀 하지 않던 사람이 하루 10분이라도 엎드리기 시작하면 기도의 문이 열리고 기도를 향한 애착심이 자라며 기도의 큰 진전을 볼 수 있다.

문제는 많은 사람들이 아예 시도조차 하지 않는다는 것이다. 하지만 기도를 시작하기만 해도 용기를 얻을 수 있다. 나아가 습관이 되면 기도의 맛을 느끼고 기도의 능력까지 얻을 수 있다. 기도를 시작한 사람은 결국 기도의 매력을 느끼고, 하나님과 점점 가까워진다. 기도에 깊이 심취하다 보면 어느 순간 자신이 하나님의 신비한 능력 안에 들어와 있는 것을 발견하게 될 것이다.

기도 생활을 잘하는 사람도 기도의 문이 열리지 않아 고민에 빠질 때가 있다. 뮬러는 자신이 기도할 때마다 능숙하게 기도가 잘되었다는 표현을 사용한 적은 없었다. 하지만 분명한 것은 인자하신 아버지를 확실히 신뢰하고 매일 기도의 골방에 들어갔다는 점이다.

선구적이고 실험적인 창작을 시도하는 사람은 타인에게 비웃음을 당하기 일쑤이다. 그러나 기도의 길은 하나님 앞에 더 가까이 갈 수 있는 특별한 기회이다. 뮬러는 그 기회를 놓치지 않았다.

기도의 특권을 매일 사용함

매일 하나님의 약속의 말씀을 붙잡고 '회개의 영'과 '간구하는 심령'을 부어 주시라고 간절히 요청하라. 기도는 온 마음을 바치는 것이며, 나 자신을 전폭적으로 하나님 앞에 내어 놓는 것이다. 기도의 응답 조건은 미사여구 가득한 유창한 언어 구사가 아니다. 기도는 말을 잘하는 사람이 아니라 주님과 진실하게 교제하는 사람의 특권이다. 그러나 아무리 좋은 특권이라도 사용하지 않는다면 무용지물이 되고 만다. 기도의 특권을 매일 사용하는 자만이 그 진가를 알 수 있다.

비록 우리에게 허물과 죄가 있을지라도 예수님의 이름 때문에 얼마든지 기도할 수 있다. "지금까지는 너희가 내 이름으로 아무것도 구하지 아니하였으나 구하라 그리하면 받으리니 너희 기쁨이 충만하리라" 요 16:24.

사람들은 종종 뮬러처럼 깨끗하고 성자 같아야만 하나님께서 기도를 들어주시리라는 오해를 한다. 그러나 이것은 잘못된 생각이다. 의로운 삶으로 기도 응답을 받을 수 있는 사람은 한명도 없다. 다만 존귀하신 그리스도의 이름만 전폭적으로 의지하고 나아가면 남녀노소 빈부귀천을 무론하고 누구나 기도 응답을 받을 수 있다.

뮬러가 기도 응답을 풍성히 맛본 것은 선행이나 열심 때문이 아니었다. 오직 그가 섬기는 예수님의 이름 때문이었다. 사실 뮬러는 주님을 영접하기 전에는 오히려 보통 사람보다 허물이 더 많았다. 그러나 죄를 깨닫고 회개한 후 기도에 열심을 냈을 때, 그의 삶의 현장에서 진기한 축복의 사건들이 일어났다.

주님은 오늘도 변함없이 모든 그리스도인에게 약속하신다.

> 너희가 무엇이든지 아버지께 구하는 것을 내 이름으로 주시리라 요 16:23

뮬러는 기도가 힘들다는 사실을 알았지만 기도를 어려운 것으로만 제한하지는 않았다. 그는 기도를 즐거운 일로, 축복된 일로, 황금을 캐는 과정으로, 주님과 하나 되는 과정으로 생각하며 기도에 심취했다. 그는 언제든지 아버지께 나아가 이야기할 수 있다고 생각했으며, 무엇이든지 마음에 있는 것을 그대로 아뢰기만 하면 된다고 생각했다(단 욕심으로 구해서는 안 된다). 그렇게 기도하자 많은 은혜가 임했다.

기도를 너무 어렵게 혹은 복잡하게 생각한 나머지 기도에 접근조차 하지 않는다면 기도의 실패자가 되고 말 것이다. 뮬러는 부담 없이 하나님 앞에 나아가 심령에 있는 것을 다 내어 놓음으로써 많은 응답을 체험할 수 있었던 것이다. 그는 기도의 특권을 매일매일 누렸다. 기도를 통해 남이 알지 못하는 하늘의 보화를 얻는 일에 상당히 매력을 느졌다. 그에게 있어서 기도보다 귀한 일은 없었다. 그는 기도가 특정인의 점유물이 아님을 잘 알고 있었다. 누구나 기도의 열쇠를 가지고 매일 하늘의 문을 열 수 있음을 믿었다.

또한 뮬러는 기도 응답을 풍성히 누리면서도 항상 겸손했다. 기도 응답을 자랑하는 일이 없었다. 그는 자신의 기도뿐만 아니라 그리스도를 주님으로 영접한 모든 그리스도인들의 기도를 응답해 주심을 믿었다. 더욱이 기도는 모든 하나님의 자녀의 특권임을 잊지 않았다.

기도 시간을 기꺼이 할애함

뮬러는 바쁜 시기에도, 피곤한 시기에도 정해진 기도 시간을 게을리 하지 않았다. 늘 즐거운 마음으로 기도를 드렸다. 그 시간은 자신의 영과 이웃의 영혼을 살리는 시간이었다.

뮬러는 기도에 대해 한 가지 특이한 점을 발견했다. 기도는 하면 할수록 더욱 맛이 나고, 멀리하면 멀리할수록 그 맛을 잃어버린다는 점이다. 그래서 기도 시간을 바치는 데 결코 소홀하지 않았다. 아무리 기도에 익숙하지 못한 사람도 기도 시간을 자주 할애해 하나님께 드리기 시작하면 기도의 문이 열리기 시작하고 결국 기도의 맛을 느끼게 된다.

뮬러는 기도 시간이 얼마나 가치 있고 소중한지를 깊이 깨달았다. 그는 일생 골방에서 하나님과의 연합, 하나 됨의 신비를 체험했다.

기도는 단순히 무엇을 받기 위한 수단이 아니라 하나님께 드리는 헌신과 교통의 과정이다. 뮬러는 자신의 일방적인 소원들을 구하기 위해 기도한 것이 아니라, 하나님이 기뻐하시는 뜻을 구하기 위해 기도했다. 그는 기도 시간을 진지하게 기꺼이 바칠 때 하나님께서 자녀들을 위해 특별히 보상해 주신다는 사실을 믿었다.

뮬러에게는 기도 시간이 제일 행복했다. 그 시간만큼은 기도의 능력을 체험할 수 있었고, 위에서 내려 주시는 평안과 더불어 하나님 앞에서 참으로 행복한 존재로 있을 수 있었다. 그는 매일 아침저녁으로 기도 시간을 할애해 하나님 아버지께 바쳤고, 하나님께서는 매일 기꺼이 응답을 준비하셨다. 때로 기도에는 눈물과 고통이 따르기도 하지만, 하나님이 공급하시는 은총은 그보다 얼마나 더 크고 놀라운지!

너무 바쁜 사람, 너무 고집스럽고 변덕스러운 사람은 하나님과 교제하기가 어렵다. 하나님은 익살꾼, 험담꾼, 역설가逆說家가 아니라 기도 시간을 바치는 소수의 사람들과 함께하신다. 하나님과 함께하는 시간이라니, 얼마나 소중한가. 기도 시간은 식사 시간보다, 회사의 일보다 급하고 귀하다. 기도 시간은 사업보다 귀하며 가사보다 소중하다. 기도 시간은 인간관계나 공부, 취미 생활보다 훨씬 귀하다. 그 어떤 일도 기도 시간에 비할 수 없다!

뮬러는 매일 기도로 깨어 있었다. 기도가 바로 자신의 영혼을 살리는 길이었고, 고아들을 살리는 유일한 길이었다. 기도 시간은 하나님의 마음속에 들어가는 시간이었고, 하나님의 능력 속으로 들어가는 시간이었으며, 하늘의 보화를 공급받는 축복의 시간이었다.

하나님은 기꺼이 기도 시간을 할애하는 뮬러와 특별히 함께하셨고 응답의 정수를 보이시며 어디를 가든지 두려움이 없게 하셨다. 큰 환난의 날에 하나님이 기억해 주셨고, 기적적인 은혜의 손길을 자주 베풀어주셨다. 뮬러의 기도 시간은 방황하는 아이들을 하나님 앞으로 이끄는 능력의 시간으로 승화되었다.

한 어머니가 있었다. 그 여인은 많은 자녀를 키웠는데, 매일 습관적으로 하는 일이 있었다. 자녀들이 일어나면 주기도문을 외우게 하는 일이었다. 밤에 잠자리에 들 때도 주기도문을 암송하게 했다. 그리고 매일 1시간씩 기도 시간을 할애해 골방에 들어가 하나님 앞에 엎드렸다. 여인은 그 시간을 가장 귀하게 여겼다. 그 여인은 바로 기독교 역사에서 결코 빠뜨릴 수 없는 세계적인 부흥의 인물이며 감리교 창시자인 요한 웨슬리의 어머니 수산나이다. 그녀의 기도는 자녀들을 하나님 앞으로 이끄는 강력한 힘이 되어 평생 영향을 미쳤다. 그녀의 기도가 있었기에 웨슬리가 수많은 영혼들을 살리는 강력한 성령의 도구로 쓰임받을 수 있었던 것이다.

또 다른 어머니가 있다. 바로 성 아우구스티누스를 위해 밤낮 기도 시간을 할애한 모니카이다. 그녀의 눈물어린 기도는 탕자 아우구스티누스를 성 아우구스티누스로 변화시키는 원동력이 되었다.

이처럼 진실한 기도 시간은 사람의 인생까지도 바꾸는 힘이 있다. 뮬러는 항상 한 가지 사실을 기억했다.

"기도 시간을 즐겁게 할애하는 자만이 진정한 행복을 누릴 수 있다."

사소한 일도 간구함

사람들은 큰일이나 큰 문제에 대해서는 적극적으로 기도하지만 작은 일, 사소한 일에 대해서는 기도하기를 귀찮아하거나 심지어 기도할 생각조차 하지 못한다. 그러나 뮬러는 큰일만 아니라 사소한 일도 하나님께 구했다.

우리의 일상생활을 한번 돌아보자.

아이들이 집을 나서기 전에, 돈 거래를 하려 할 때, 전화 걸기 전에, 잠시 일을 보러 나갈 때, 시장 갈 때, 반찬을 장만할 때, 사람을 만나기 전에 기도하는가? 이럴 때 기도를 시도해 보는 일은 대단히 중요하다. 꼭 눈을 감아야 하는 것은 아니다. 그냥 주님과 잠깐 대화를 나눈다 생각하면 된다. 그럴 때 주님의 선한 은혜의 배려가 따를 것이다.

기도 없이 감정적이고 즉흥적으로 한 말이 상대방에게 깊은 상처와 피해를 주는 경우가 종종 있다. 하지만 뮬러처럼 모든 일에 주님과 교통하며 나아갈 때 시시때때로 주님의 선하심을 체험할 수 있다. 뮬러는 기도의 소명을 결코 잊지 않았다. 움직일 때마다 모든 것을 기도로 진행했다. 그 결과 실수를 줄임은 물론이고 좋은 열매를 맺을 수 있었다.

이처럼 사소한 것까지도 기도할 때 모든 필요를 공급받음은 물론이고, 사람에게서가 아닌 하나님으로부터 명망까지 얻을 수 있다. 기억하라. 기도는 하나님이 주시는 고결한 축복이며, 문제의 덫 속에서 쉽게 벗어날 수 있는 권능이다.

성령 충만을 갈구함

뮬러는 남달리 성령 충만을 갈구하며 기다리는 데 열정을 쏟았다.

뮬러에게 성령 충만은 하나님과의 교제, 기도의 진행에 있어 매우 중요한 부분이었다. 성령 충만 없이는 결코 기도의 사람이 될 수 없으며, 고아원 사역과 선교 사역 또한 성령의 역사를 통해서만 가능함을 알았기 때문이었다.

성령은 그리스도인의 삶을 능력 있게 이끌어준다. 마치 하나님의 생령이 흙으로 만든 아담의 몸에 주입되었을 때 그 몸이 생명체가 되었듯이, 성령이 바람같이 임해 함께하실 때 거룩한 생명의 바람을 일으킬 수 있다.

뮬러는 참 기도는 오직 성령 충만으로만 가능하다는 것을 알았다. 그래서 자기 자신에게서 나오는 기도의 원동력이 아니라 성령으로부터 나오는 기도의 원동력을 구했다. 성령의 충만한 임재로 그의 심령에 기도의 불이 지펴졌던 것이다.

그는 성령을 충만히 받음으로 기도가 고통이 아니라 기쁨이 되었으며 모든 삶의 권능이 되었다. 그 스스로도 생각이 맑아지고 판단이 성숙해지고 의지가 순수해지며 점점 더 그리스도를 닮아 갔다. 그의 결점은 감추어졌고, 그의 위상은 선하게 세워졌다.

조지 뮬러, 그가 매우 보수적인 신학사상을 갖고 있으면서도 성령을 의지해 기도하는 일을 게을리 하지 않았다는 점은 실로 귀중하다. 일부 사람들처럼 모든 것을 다 하나님이 해주시겠지 하는 막연한 기대는 하지도 않았다. 사람이 해야 할 일을 성실히 하면서 성령을 전적으로 의존하는 기도를 드렸던 것이다.

하나님은 이 시대에 스스로 현명하고 명철하다는 사람보다는 겸손히 성령을 전폭적으로 의지하는 성령 충만한 사람을 사용하신다. (성령의 기도에 관해서는 뒤에 가서 좀더 나누도록 하겠다.)

기도를 최고로 중시함

뮬러의 일과를 면밀히 검토해 밝힌 자료에 의하면, 그가 기도를 최고로 중시하며 기도에 가장 매력을 느꼈음을 알 수 있다. 그는 계획하고 생각하며 움직이는 모든 생활에 기도를 최우선으로 삼고 기도로 처리하며 행했다.

마귀는 언제나 기도보다 사람을 앞세우게 한다. 마귀의 목표는 사람으로 하여금 기도를 멀리하게 해 하나님과의 관계를 단절시키는 데 있다. 하지만 뮬러는 기도에 버금가는 것이 없음을 알고, 기도를 최우선으로 여기며 항상 깨어 기도했다.

뮬러의 고백은 기도의 가치를 분명히 보여 준다.

"1시간 기도한 후에 4시간 일하는 것이 기도 없이 5시간 일하는 것보다 더 많은 일을 할 수 있다!"

뮬러는 기도를 항상 최우선순위에 놓았다. 무척 바쁠 때도 기도를 둘째로 돌리는 실수를 범하지 않았다. 기도를 둘째로 여기는 것은 곧 하나님을 둘째로 여기는 것이나 마찬가지 잘못이라고 생각했다. 그는 잠시라도 기도를 비껴가지 않았다. 그것은 곧 자신의 생명줄을 놓는 것으로, 자신의 생명을 위기의 길로 몰아넣는 것으로 생각했다.

그는 연약할수록 더욱 기도의 수레바퀴를 힘차게 돌렸다. 기도의 수레바퀴가 돌지 않으면 순식간에 녹슬고 만다는 사실을 알고 있었다. 그가 기도의 수레바퀴를 쉬지 않고 돌렸을 때 수많은 고아들이 하나님으로부터 계속 양식을 공급받았고 고아원도 계속 확장되었다.

그렇다면 뮬러만 기도를 소중히 여겼던 것일까? 무엇보다 성경이 기도를 최고로 강조했으며, 주님이 기도를 가장 중히 여기셨다. 모세를 비롯해 사무엘, 다윗, 이사야, 다니엘, 바울도 기도가 삶의 중심이었다. 성경의 인물 외에도 요한 웨슬리, 마르틴 루터, 존 녹스, 조나단 에드워즈, 윌리엄 캐리, 데이비드 리빙스턴, 세계적인 전도자 무디 등 앞서간 믿음의 사람들 역시 기도를 최고로 귀히 여겼다.

마귀는 기도 시간을 송두리째 빼앗으려고 여러 가지 일로 유혹했지만, 뮬러는 기도하는 시간을 가장 귀하게 여겼다. 그 기도 시간들이 있었기에 어두운 사선死線의 숲에서도 사역의 생명을 지탱하며 그리스도의 부요하심을 드러낼 수 있었던 것이다.

chapter 3
하나님을 향한 100% 신뢰도

조지 뮬러, 그는 하나님을 아버지로 100% 신뢰했다.

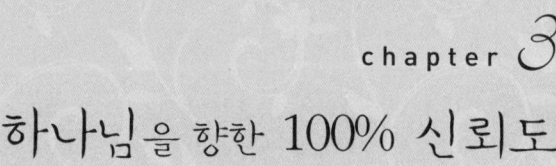

이 세상에서
하나님 아버지의 사랑을
누가 가장 많이 받을까?
하나님을 아버지로
100% 신뢰하는 사람이다.

100%의 신뢰도

사람들은 하나님을 믿고 기도한다고 말하지만, 하나님을 내 사정을 잘 아시고 내 기도를 기꺼이 들어주시는 아버지로 신뢰하는 신뢰도가 많이 약해졌다. 머리로는 하나님을 기도를 들으시는 자비의 아버지로 알고 인정하지만, 믿음은 그러질 못해서 기도 응답에 이르지 못하는 경우가 많다. 신뢰의 위기는 곧 기도의 위기이다. 신뢰를 접어 버리는 것은 곧 응답을 받을 통로를 막아 버리는 것과 같다.

하나님은 그분을 전적으로 신뢰하는 믿음의 자녀에게 그분의 풍성하심을 기적적으로 나타내기를 기뻐하신다. 믿음의 순도 100%인 사람을 찾으시고 주목하신다. 주님의 치유 사역만 보더라도 사람들의 믿음을 얼마나 자주 확인하셨는가.

조지 뮬러는 아기가 부모를 의지하듯 하나님을 아버지로 100% 신뢰했다. 그 신뢰도는 하나님이 인정해 주실 만큼 컸다! 그는 하나님을 아침저녁으로 신뢰했으며, 매일 신뢰했고, 병들고 가난할 때에도 신뢰했다. 응답이 더딜 때도 신뢰했고, 상황이 아주 어려운 순간에도 신뢰로 구했다.

이렇게 견고한 신뢰, 분명한 신뢰는 하나님의 계속적인 위로와 도움을 얻기에 충분한 힘이 되었다. 뮬러는 그 관계를 지속하기 위해 매일 그분을 찾았으며, 모든 문제를 그분과 상의하면서 관계를 더욱 두텁게 했다. 그는 거기서 하나님의 특별한 관심과 사랑을 느낄 수 있었고 많은 응답의 열매를 매일매일 공급받았다. 그의 삶은 풍성한 양식, 믿음, 사랑, 평화, 기쁨, 감사 등으로 채워졌다. 이 모든 것은 그의 온전한 신뢰의 결정체로 나타난 증거들이다.

사람들의 하나님을 향한 신뢰의 모습들은 다양하다. 크게 세 유형으로 생각해 볼 수 있다.

첫 번째 유형은 하나님을 전혀 신뢰하지 않는다. 이들은 하나님이 없다고 생각한다. 두 번째 유형은 하나님을 반쯤 신뢰한다. 이들은 한 발은 교회에, 한 발은 세상에 둔다. 사실 이러한 반쪽 신앙은 대단히 위험하다. 결코 참 신앙으로 볼 수 없다. 바람이 불고 홍수가 나면 무너질 신앙이다. 세 번째 유형은 하나님을 100% 신뢰한다. 이들은 하나님을 온전히 믿고 끝까지 따르는 훌륭한 신앙인들이다. 믿음을 통해 하나님의 영광의 광채를 드러내는 사람들이다. 특히 구약성경에 나타난 두 신앙인을 주목해 볼 만하다.

> 그러나 내 종 갈렙은 그 마음이 그들과 달라서 나를 온전히 따랐은즉 그
> 가 갔던 땅으로 내가 그를 인도하여 들이리니 그의 자손이 그 땅을 차지
> 하리라 민 14:24
>
> 여분네의 아들 갈렙과 눈의 아들 여호수아 외에는 내가 맹세하여 너희
> 에게 살게 하리라 한 땅에 결단코 들어가지 못하리라 민 14:30

하나님이 요구하시는 신뢰도의 수준은 "온전히"이다. 반쪽 믿음도, 70%의 믿음도 아닌, 오직 100%의 온전한 믿음만을 원하신다. 조지 뮬러가 하나님께 그렇게 많은 기도 응답을 받을 수 있었던 중요한 이유 중 한 가지는 하나님을 온전히 100% 신뢰했다는 점이다. 노아는 자신이 살던 시대에 하나님께 온전한 믿음을 보여드렸다. 뮬러도 그가 살던 시대에 하나님께 온전한 믿음을 보여드렸다.

어느 날 고아원에 양식이 하루분밖에 남질 않았다. 당장 다음날부터 문제였다. 하지만 그렇게 다급한 상황에서도 뮬러는 전혀 걱정하지 않았다. "내일 일을 위하여 염려하지 말라"마 6:34 는 하나님 말씀을 굳게 신뢰했기 때문이다. 그는 단순히 걱정하지 않은 것이 아니라 기도로 주님께 맡겼다. 주위 사람들은 이런 그를 이해하지 못했다. 내일에 대해 속수무책인 것으로 생각했다. 빵 한 조각, 우유 한 통 구입할 돈이 없었고, 석탄을 비롯해 많은 일용품이 절박하게 필요했다. 그러나 뮬러는 기도 외에 아무것도 하지 않았다. 그런 가운데서도 낙심하지 않고 주님께서 도우신다는 분명한 믿음이 있었다. 그런데 날이 저물어 가는

데도 여전히 아무것도 들어오지 않았다. 하지만 하나님께서는 이미 그 사정을 다 알고 계셨다. 한 자매를 통해 풍성한 케이크를 선물로 보내 주셨다.

그날뿐만이 아니었다. 어느 날인가도 당장 다음날 먹을 양식이 없었다. 적어도 다음날 오전 9시까지는 모든 필요가 채워져야 했지만 뮬러와 직원들의 주머니는 텅텅 비어 있었다. 하지만 뮬러는 오직 주님의 풍성하심만을 의뢰했다. 결국 그대로 날이 밝았다. 하지만 또 다시 기적이 일어났다. 9시 2분 전에 한 형제가 일터에 가는 도중에 고아들이 생각나 3파운드의 금화를 가져온 것이다. 그것으로 수많은 고아들은 무사히 양식을 공급받았다. 뮬러와 주위 사람들은 더욱 주님을 신뢰하고 감사하며 하나님을 찬양했다.

여기에서 한 가지 기억해야 할 점이 있다. 뮬러는 위기 상황에서도 여전히 하나님을 신뢰했다는 것이다. 하나님은 언제나 그분을 의지하고 신뢰하는 자를 찾으시며 도우신다. 그분은 언제나 100%의 신뢰를 원하신다. 초장에서뿐만 아니라 사막에서도 신뢰하길 원하신다. 들판에서뿐만 아니라 거친 광야에서도 신뢰하길 원하신다. 하나님이 뮬러에게 100% 믿음을 요구하셨을 때, 뮬러는 100% 믿음을 그분께 드렸다. 하나님은 그 대가로 필요한 양식을 매일 공급해 주셨고 모든 문제를 잘 해결할 수 있도록 세심하게 도우셨다.

숭고한 믿음, 존귀한 믿음, 정결한 믿음, 온전한 믿음을 갖추자. 하나님의 마음을 흡족하게 하는 믿음을 갖추자. 주님을 충분히 신뢰하는 동안 걱정이 만연한 얼굴은 환하게 바뀔 것이다. 100% 온전한 믿음을 통해서만 하나님의 분명한 역사가 드러날 수 있다. 그 사실을 정확하게 체험했던 사람이 바로 믿음의 사람, 조지 뮬러였다.

믿음을 성장시켜 주는 지침들

믿음의 전진을 가로막는 요소들 중 하나가 자율성이다. 자율성이 중심되는 시대의 함정을 주의해야 한다. 자율성이 건강한 사회 구조와 가정, 그리고 믿음까지 무너뜨리는 상황이 도래하고 있다. '내가 나에게 법이 된다'는 의미를 지닌 자율성 즉 '오토노미autonomy'는 자신의 행동 강령을 스스로 만들어 낸다는 것인데, 이것이 사람들의 믿음을 파손시키고 있다. 그래서 뮬러는 개인의 의지까지 말씀 속에 넣어 말씀으로 다스림받을 것을 강조했다. 말씀에 의해 통제되고 성령에 의해 다스림받을 때 자율성은 주님의 뜻을 향하게 되어 믿음을 진전시켜 주는 능력이 된다.

뮬러는 성도들의 믿음을 성장시키는 데 도움이 되는 몇 가지 지침을 밝혔다. 이것들을 기억하고 삶에 적용한다면 하나님을 향한 신뢰도를 어느 정도 높여 줄 것이다.

첫째, 말씀을 주의 깊게 읽고 깊이 묵상하라.
그리스도인들은 하나님 말씀을 많이 읽고 묵상하는 가운데 비로소 주님의 성품과 인격을 닮아 가게 된다. 또한 하나님의 거룩하심과 공의로우심 외에 친절하심, 사랑, 은혜, 자비, 전능하심, 지혜, 신의가 얼마나 큰지 깨닫게 된다. 가난, 고난, 사랑하는 이의 죽음, 봉사의 어려움, 물질적 어려움을 당할 때 하나님의 도우심을 더욱 의존하게 된다. 성도들은 말씀을 통해 하나님이 전능하시고, 지혜가 무궁하시고, 자녀들을 기꺼이 도와주신다는 것을 배우는 것이다. 믿음을 강하게 하는 최선의 방법은 하나님 말씀을 읽고 묵상하는 것이다.

둘째, 정직한 마음과 바른 양심을 유지하고 주님의 뜻을 거스르는 일에 빠져들지 않도록 하라.

주님을 슬프시게 하고 하나님의 영광과 존귀하심에서 벗어난다면 어떻게 믿음 생활을 지속할 수 있겠는가. 양심에 걸리고 죄 짓는 생활을 계속한다면 죄책감 때문에 믿음이 약해지고, 시험이 와도 주님을 찾을 수 없을 것이다. 결국 그분과 멀어질 수밖에 없다.

시험이 닥치면 우리는 둘 중 하나를 선택한다. 주님을 신뢰해 도움을 받아 믿음이 성장하거나, 그분을 신뢰하지 않아 혼자 어떻게 해보려다가 결국 넘어진다. 진정 주님을 신뢰한다면 자기 자신이나, 동료, 상황 및 그 외의 어떤 것들도 의지하지 않을 것이다. 다른 무엇인가를 의지한다면 결코 온전히 주님을 신뢰하는 것이 아니다.

셋째, 시련을 겪더라도 피하거나 믿음이 약화되지 않도록 하라.

믿음의 연단을 받고 있다면 그만큼 더 주님의 도우심과 인도하심을 목격할 수 있는 기회를 갖게 될 것이다. 주님께서 도와주시고 인도하시는 새로운 경험들을 할 때마다 믿음은 더욱 자랄 것이다. 믿음의 사람들은 어떤 연단 앞에서도 회피하기보다 하나님께서 도와주시고 구원의 손길을 펼치시는 것을 볼 기회로 여겨야 한다. 그럴 때 믿음은 더욱 단단해질 것이다.

넷째, 하나님께서 행하실 수 있도록 하라.

믿음의 시련이 오면 사람들은 하나님을 불신하고 자기 자신이나 친구들, 그리고 주변 상황을 의지하기 쉽다. 조용히 하나님을 바라보며 그분의 도움을 기다리기보다는 스스로 자신을 구하려고 애쓴다. 하지만 그렇게 하나님보다 자신을 앞세우기 시작하면 또다시 믿음의 시련이 닥칠 때 동일한 문제에 부닥칠 수밖에 없을 것이며, 결국 새로운 시련이 올 때마다 믿음은 약해질 것이다. 반면에 하나님의 구원의 손길을 구하며 그분만을 신뢰하고 굳게 선다면 믿음은 성장할 것이다. 시련의 시기에 순간순간 하나님께서 우리를 대신해 구원의 손길을 베푸시는 것을 볼 때마다 믿음은 점점 자라날 것이다. 하나님께서는 가장 적절한 시기에 기꺼이 도와주시고 구원을 베풀어주실 것이다.

지금까지 뮬러가 제시한 믿음의 성장 방안을 살펴보았다. 이 4가지를 마음판에 새기고 삶에 적용한다면 믿음이 한층 더 성장할 것이다. 이외에도 뮬러의 삶에서 드러난 믿음을 더욱 굳게 하는 중요한 요인이 몇 가지 더 있다.

하나님을 가까이함

뮬러는 하나님을 아주 가까이했으므로 하나님을 더욱 확고히 신뢰할 수 있었다. 뮬러는 하나님을 가족처럼 가까이했다. 그리고 그 이상으로 하나님도 뮬러를 가까이하셨다. 하나님은 그분을 가까이하는 기도의 사람들에게 세미한 음성을 들려주시고 존귀히 여겨 주신다.

뮬러는 야고보 사도가 언급한 "하나님을 가까이하라 그리하면 너희를 가까이하시리라"약 4:8는 말씀을 삶에 깊이 적용했다. 하나님을 가까이한다는 것은 모든 일에 대해 하나님과 대화를 나누며 살아간다는 의미이며, 항상 하나님을 생각하고 그분의 뜻을 좇아 생활한다는 의미이다. 뮬러는 기도로 일을 계획하고, 기도로 일을 진행하며, 기도로 일을 마무리하는 생활을 계속했다. 그렇게 함으로써 그가 하나님을 가까이하고 있다는 분명한 증거들이 주위 사람들에게 알려졌다.

하나님을 온전히 의지함

뮬러는 끝없이 펼쳐진 사막 같은 척박한 환경에서 아이들을 돌봤다. 하나님을 바라보지 않는 사람들이라면 권태와 단조로움, 경제적 어려움, 아이들을 밤낮 돌봐야 하는 수고의 인내 등 견디기 쉽지 않았을 것이다. 뮬러는 그런 상황에서 하나님을 굳게 의지했다.

마음껏 대화를 나눌 수 있는 아버지로, 언제든지 고민거리가 있으면 부담 없이 찾아가 다 털어 놓을 수 있는 아버지로, 사랑과 긍휼이 한량없으신 아버지로, 모든 것을 풍성하게 소유하신 아버지로, 또한 그것들을 능히 공급해 주시는 분으로 하나님을 온전히 신뢰했다.

하나님을 믿는다고 하는 사람들도 아주 가까이에서 실제적으로 돌보시는 하나님으로는 인정하지 않는 경향이 있다. 하지만 뮬러는 척박한 빈민지대, 비탈진 언덕, 좁은 언덕길에서도 하나님의 사랑을 신뢰하며 믿음으로 나아갔다.

그는 하나님 아버지가 소유하신 것들을 자신도 다 누릴 수 있다고 믿었다. 그분은 우리를 돌보시고 책임질 의무를 지니신 아버지이시며, 자녀의 어려운 사정을 가장 잘 아시고, 또한 그 필요를 풍족히 채워 주시는 분이심을 분명히 믿었다.

뮬러가 살 당시의 많은 사람들은 지금보다 더 심각한 의식주 문제를 고민해야 했다. 하지만 뮬러는 세상의 염려를 거부했다. 그의 아버지는 공중의 새를 기르시는 분이셨다.마 6:26. 그는 염려가 생활에 아무런 보탬이 되지 않는 어리석은 일임을 분명히 알았다. 그는 들의 백합화와 들풀까지도 입히시는 자비로우신 하나님을 자신의 든든한 백으로 삼았다. "오늘 있다가 내일 아궁이에 던져지는 들풀도 하나님이 이렇게 입히시거든 하물며 너희일까보냐 믿음이 작은 자들아"마 6:30.

뮬러는 날마다 먹이시고 입히시고 길러 주시는 하나님 아버지만을 신뢰했다. 고아원을 운영하며 보여 준 그의 믿음과 신뢰는 하나님이 인정하실 만했다. 그 믿음으로 인해 브리스톨 고아원에는 날마다 풍성하게 채워지는 역사가 일어났다.

오늘날 많은 사람들이 미신, 물질, 신념, 수양 등을 통해 목적을 성취하려고 하지만 그것은 한계가 있으며 결국은 절망으로 끝날 뿐이다.

뮬러의 하나님을 향한 '신뢰'는 인간의 단순한 신념이 아니라 오직 하나님만을 향한 '충성스러운 신뢰'였다. 하나님이 어떤 말씀을 하시든지 온전히 순종하는 믿음이었다. 자신의 취향이나 감각, 허상이나 이상을 따르지 않고 하나님만 절대적으로 의존하는 믿음이었다.

그는 좋은 일이 있을 때뿐만 아니라 극한 풍랑 중에서도 하나님을 신뢰하는 법을 날마다 배워 나갔다. 그러한 신뢰는 하나님과 긴밀한 관계를 형성해 무엇이든 나눌 수 있는 사이가 되게 했고, 결국 둘만의 두터운 신뢰 관계로 발전했다.

뮬러는 구할 것이 있으면 즉시 나아가 무엇이든지 구할 수 있었다. 하나님은 뮬러가 구한 대로 필요를 채워 주셨다. 그는 응답의 기쁨을 환상이 아닌 삶의 현장에서 날마다 만끽하며 생활했다. 그가 섬기는 아버지는 자녀의 욕구를 풍족하게 채워 줄 수 있는 능력을 갖고 계셨으며, 아버지의 뜻을 따르는 이에게 무엇이든지 다 주실 수 있으셨다. 수십 년의 세월이 흐르는 동안 뮬러가 마음속에 있는 것을 진지하게 요청했을 때 그 아버지는 단 한번도 거절하신 적이 없으셨다.

하지만 믿음이 파선되었거나 기도의 능력을 불신하는 사람은 좋은 것들을 놓친다. 그들은 하나님을 세상 지식으로 가늠하고 판단해 추상화시키고 진리를 변절시킨다. 거기에는 하나님의 응답이 있을 수 없다.

뮬러는 성경에 기록된 약속의 말씀을 기도의 도구로 자주 활용했다. "아무것도 염려하지 말고 다만 모든 일에 기도와 간구로, 너희 구할 것을 감사함으로 하나님께 아뢰라"빌 4:6. 이 말씀을 그대로 믿고 기도하면 모든 지각에 뛰어나신 하나님의 평강을 얻을 수 있다는 점에서 모든 성도는 동일하다.

뮬러는 하나님께서 그분을 신뢰하는 자와 지극히 가까이하시며 그의 편이 되어 주신다는 사실을 굳게 믿었다. 지난날에 하나님께서는 그분을 신뢰하는 아브라함을 친구처럼 대해 주셨다. 또한 모세를 친구처럼 가까이해 주셨다. 마찬가지로 오늘날도 하나님은 그분을 사랑하며 신뢰하는 모든 그리스도인들에게 동일한 은혜를 베풀어주신다.

뮬러의 신뢰도

뮬러, 그는 기도의 사람이기 전에 '사랑의 사람, 신뢰의 사람'으로 소문난 인물이었다.

그는 불이익을 당하면서도 하나님을 신뢰했고, 즉각적인 응답이 없을 때도 하나님을 신뢰했으며, 가난한 가운데서도 하나님을 신뢰했고, 당장 먹을 양식이 없을 때도 하나님을 신뢰했으며, 질병 중에서도 하나님을 신뢰했고, 사방이 다 가로막힌 절망적인 상황에서도 하나님을 신뢰했으며, 가장 고통스러운 환경에서도 하나님 아버지를 전폭적으로 신뢰했다. 이렇게 온전하고도 깨끗한 신뢰는 하나님을 충분히 기쁘시게 했으며, 그분은 더 크신 사랑과 역사로 응답해 주셨다.

불신과 경멸, 원망과 증오, 위선과 교만은 삶의 파멸을 초래한다. 반면에 하나님에 대한 분명한 신뢰는 엄청난 힘과 응답을 보증받는 근거가 된다. 그 신뢰도가 낮거나 계속 유지되지 않으면 기도의 놀라운 역사를 막아 버리는 중대한 손실을 초래한다.

하나님을 향한 신뢰가 너무나 분명했던 뮬러, 그는 하나님의 신실하심에 날마다 감격했다. 사역 후반기의 고백에도 그것이 잘 드러난다.

"하나님은 한번도 나를 실망시키지 않으셨다. 40년간 사역의 역사가 주님의 신실하심을 보여 주는 산 증거이다."

기도와 신뢰로 숙성된 하나님의 사람, 진흙 늪에서도 고운 꽃을 피우는 연꽃처럼 시련의 늪에서도 고결한 믿음을 꽃피운 하나님의 사람, 하나님을 자비하신 아버지로 100% 신뢰했던 믿음의 사람, 그가 바로 조지 뮬러이다. 그의 생애는 하나님의 돌보심과 축복이 끊이지 않았다!

chapter 4
기도를 배우는 삶

조지 뮬러, 그는 기도에 대해서
날마다 배우고 터득하기를 심히 원했다.

기도에 대해
날마다 배우기를 원하는 사람은
기도의 사람이 될
가능성이 가장 크다.

기도를 배우는 습관

조지 뮬러는 겸손해서 기도에 대해 배우기를 심히 원했다. 그는 가만히 앉아서 하루아침에 기도의 숙련자가 된 것이 아니다. 기도는 배우기를 갈망하고 실제로 기도하는 자의 것이다.

뮬러는 주님 앞에 완전히 돌아오기 전에 이런 고백을 했다.

"나는 지금까지 이렇게 무릎을 꿇고 있는 사람을 결코 본 적이 없었다. 또한 나 자신도 무릎을 꿇고 기도해 본 적이 없었다."

그가 스무 살이 되던 해, 1825년 11월 중순 토요일 오후였다. 베타라는 그리스도인이 한 기독교인의 집에서 열리는 모임에 참석해 예배를 드리곤 했는데, 그가 뮬러에게 그 모임에 가자고 권했다.

"어떤 모임인데?"

"성경 읽고 찬송 부르며 기도하는 모임이야. 설교문을 읽기도 해."

그 애기는 순간 뮬러의 마음을 강하게 잡아당겼다. 여태까지 발견하지 못한 그 어떤 것을 발견할 수 있을 것만 같았다. 뮬러는 즉시 권유를 받아들였다. 그날 밤 뮬러는 호기심을 가지고 모임에 처음 참석했는데, 카이저라는 사람런던 선교사협회 일원이 모임을 위해 무릎을 꿇고 진지하게 기도하고 있었다. 이 모습을 지켜본 뮬러는 크게 감명을 받았다. 무릎을 꿇고 진지하게 기도하던 사람의 모습이 가슴속에 남아 사라지지 않았다. 이때부터 뮬러는 기도를 배우기 시작한 셈이다.

그에 관한 수많은 저서들과 그의 생애를 지켜보았던 고아들이나 자손들의 말에 따르면 그는 날마다 기도를 배우며 실행했던 사람이라고 한다. 기도를 습관화했다는 것이다.

그가 매일 기도를 되풀이함으로써 기도를 효과적으로 배울 수 있었다는 것은 평범하지만 대단히 중요한 사실이다. 그는 가장 효과적인 기도의 비결을 터득했던 것이다. 훗날 기독교 역사의 평가도 그러했다. 그는 날마다 기도의 옷을 입고 다닌 사람으로, 기도 생활을 습관화한 사람으로, 기도의 훈련을 남달리 잘 쌓은 인물로 평가받았다.

기도 응답은 기도를 하는 사람들의 것이다. 기도하기 시작할 때, 기도를 가장 효과적으로 배울 수 있는 기회가 주어진다. 기도를 반복적으로 행할 때 놀라운 능력이 주어진다. 기도를 무시하고 아예 덮어둔 사람에게는 결코 기도를 배울 기회가 오지 않는다. 기도를 원하고 실제로 기도하기 시작할 때에야 비로소 기도의 길목에 접어들기 시작하는 것이다. 기도의 길로 깊숙이 들어간 사람은 더욱 소중한 기도의 진가를 배우게 되며, 마침내 기도의 오아시스를 발견할 수 있다.

모든 사물은 부딪힘을 통해 성숙한다. 바닷가의 아름다운 조약돌은 하루아침에 그런 모양을 내는 것이 아니라 수많은 부딪힘을 통해 인고의 세월을 거쳐 탄생된 것이다.

마찬가지로 처음부터 기도의 오아시스가 터지는 법은 없다. 기도를 시작하고 반복적으로 기도를 배우면 기도 응답이라는 가나안 땅을 보는 눈이 열리게 된다. 처음에는 그 맛을 알지 못하는 경우가 많다. 그래도 계속 기도의 땅을 밟고 가야 한다. 분명한 것은, 그 앞에는 하나님이 예비하신 오아시스가 분명히 있다는 것이다. 오아시스는 기도를 시작하고 계속 배우려는 사람에게 반드시 찾아온다. 따라서 기도의 샘이 순식간에 터지지 않는다고 낙심할 필요는 없다.

여호수아와 이스라엘 백성들이 반복적으로 여리고 성을 돌았을 때 강력한 성이 무너졌듯이, 우리가 기도의 수레바퀴를 계속 돌리면 기도를 방해하는 거대한 성벽이 무너지는 것을 보게 되며, 동시에 하나님의 영광을 목도할 수 있다.

한 사람이 기도하기 시작하면 마귀는 화를 내며 기도의 시작과 진행을 막으려고 온갖 수단과 방법을 동원해 유혹할 것이다. 만일 그때 쉽게 기도를 멈추어 버린다면 마귀의 뜻에 굴복당하는 불행한 종이 되어 버린다. 그럴 때에도 기도를 계속 시도하자. 기도와 말씀의 검을 가지고 담대하게 나아가자. 다른 것들이 나와 하나님 사이를 이간하거나 기도를 멈추게 하는 일이 없도록 방어하자.

뮬러의 기도 생활은 결코 하루아침에 된 것이 아니다. 실제적인 기도의 습관과 꾸준한 훈련으로 이루어진 것이다. 이 기도는 모든 그리스도인들이 배워야 한다. 기도를 항상 배우는 자만이 살아 있는 기도를 계속 드릴 수 있고 진정한 기도의 사람이 된다.

이 세상에서 우리를 위해 살이 찢어지고 피 흘려 주신 거룩하신 주님 앞에 "나는 기도의 사람이다! 이 정도 기도하면 충분해! 나는 기도에 도통했어!"라고 말할 수 있는 자격자는 단 한명도 없다. 기도는 계속 배워야 하고, 계속 시작해야 하고, 계속 진행되어야 한다. 기도 생활을 잘 점검하며 자신을 살피는 그리스도인들은 주님이 귀히 여기시는 사람이 될 수 있다. 뮬러는 그 사실을 분명히 보여 준다.

성경에서 기도를 배우다

뮬러는 성경을 셀 수 없이 많이 읽었다. 수백 번은 족히 읽었을 것이다. 사역 말기에 무릎 꿇고 읽은 것만도 무려 백 번 정도나 된다고 하니 과연 성경을 특별히 사랑한 사람이었음이 분명하다. 성경을 읽는 동안 헝클어진 모습은 아름답게 정돈되었고, 어두운 내면은 창명해졌으며, 약하고 칙칙한 모습은 강하고 쾌적한 모습으로 바뀌었다.

그는 성경을 통해 기도의 힘을 배웠다. 성경을 통해 무수한 기도의 사람들을 만났다. 아브라함을 통해 기도를 배웠으며, 모세를 통해 기도하는 법을 배웠다. 사무엘을 통해 쉬지 않고 드리는 규칙적인 기도의 삶을 배웠다. 다니엘을 통해 위험 중에서도 담대히 기도하는 법을 배웠다.

특별히 주님의 기도 생활은 뮬러의 가슴에 특별하게 다가왔다. 주님이 몸소 가르치신 기도는 더욱 빛났다.

세상에는 기도로 유명한 사람들이 있다. 그보다 더 중요한 기도의 인물들은 성경 속에 나타나 있다. 성경에서만 찾는다 하더라도 시간이 부족해 다 헤아릴 수 없을 것이다. 그런데 기도의 원原 기둥이 되시며 모델이 되시는 분은 예수님이시다. 그분과 비교해 버금 가는 사람은 세상에 없다. 예수님은 모든 기도의 대표자로서 가장 좋은 모델이며 모든 기도 중에 으뜸가는 기도의 표본을 제시하셨다. 그 기도가 바로 주님이 가르치신 기도문이다.

주님의 기도를 배우다

그러므로 너희는 이렇게 기도하라 하늘에 계신 우리 아버지여 이름이 거룩히 여김을 받으시오며 나라가 임하시오며 뜻이 하늘에서 이루어진 것같이 땅에서도 이루어지이다 오늘 우리에게 일용할 양식을 주시옵고 우리가 우리에게 죄 지은 자를 사하여 준 것같이 우리 죄를 사하여 주시옵고 우리를 시험에 들게 하지 마시옵고 다만 악에서 구하시옵소서 (나라와 권세와 영광이 아버지께 영원히 있사옵나이다 아멘) 마 6:9-13

주님은 "이렇게 기도하라!"고 하셨다. 곧 기도의 원리요 방법을 제시하신 것이다. 예수님의 기도 생활은 몇 가지로 정리할 수 있다.

1. 예수님은 사역을 시작하시기 전에 기도로 준비하셨다 마 4:1–11.
2. 예수님은 기도로 하루를 시작하셨다 막 1:35.
3. 예수님은 식사할 겨를이 없을 정도로 바쁘셨으나 모든 사역에 항상 기도가 앞섰다.
4. 예수님은 평소에도 항상 기도하는 습관을 가지고 계셨다 눅 22:39.
5. 예수님은 죽기 전날 밤에도 기도하셨다 마 26:39.
6. 예수님은 십자가에 달려 죽으실 때도 기도하셨다 눅 23:34, 46.

뮬러는 '주님의 기도'를 철저히 배웠다.

그는 예수님의 생애를 통해 기도의 가치를 배웠다. 배울 뿐만 아니라 그것을 자신의 삶에 그대로 적용했다. 또한 한두 번 적용으로 멈춘 것이 아니라 기도의 습관이 몸에 배도록 드렸다. 성경은 예수님의 기도 습관을 분명히 증거하고 있다. "예수께서 나가사 습관을 따라 감람산에 가시매 제자들도 따라갔더니" 눅 22:39.

잘 길들어진 습관은 평생 지속된다. 습관적인 기도의 힘은 대단히 크다. 바울은 디모데에게 "경건에 이르도록 네 자신을 연단하라"고 했다. 이러한 경건은 범사에 유익하며 금생과 내생에 약속이 있다 딤전 4:7-8. 좋은 습관을 잘 길들이면 생애가 빛날 수 있으나 나쁜 습관에 빠지면 생애가 어두울 수밖에 없다.

예수님의 기도는 조지 뮬러뿐만 아니라 오늘날 모든 그리스도인들이 배워야 할 기도의 원천이며 기도의 표본이다.

조지 뮬러, 그는 주님의 기도 습관을 배워 자신의 삶에 그대로 적용함으로써 훌륭한 기도의 인물이 될 수 있었다. 그는 기도의 햇살로 여명을 열며 척박하고 차가운 브리스톨 대지를 따스하게 휘감았다. 하나님은 기도의 자리에 머물러 있는 그를 그윽한 눈빛으로 주목하셨다.

성령께 기도를 배우다

뮬러는 성령에 대해 지대한 관심을 가지고 기도했다. 그는 성령이 기도의 근원이자 출발이며 또한 지속적인 기도의 원동력임을 알고 있었다. 성령 없는 기도가 얼마나 무기력한지도 잘 알고 있었다.

수돗물이 나오기까지는 근원적으로 물을 공급해 주는 저수지가 있다. 마찬가지로 기도의 샘물은 성령의 저수지를 통해서만 공급된다. 뮬러는 기도의 물을 공급해 주는 성령의 바다에 날마다 뛰어들었다. 성령의 바다에 깊이 잠김으로 엄청난 기도의 생수를 만끽했던 것이다.

그는 성령을 통해서 배우는 기도가 가장 온전한 기도이며 가장 강력한 역사를 이룰 수 있음을 확신했다. 그는 자신의 기도가 성령보다 앞설 수 없음을 이해했다.

그는 자신의 입술과 사상을 성령을 통해 날마다 아름답게 정화해 갔다. 당장 닥친 어려운 일, 곤란한 일에 대해서 성령께 친히 여쭈어

봄으로써 무수한 문제를 해결받았다. 매일매일 성령께 자신의 의지와 심령을 드림으로써 하나님의 뜻을 잘 분별할 수 있었고, 하나님의 은혜를 매일매일 체험할 수 있었다.

기도의 사람들에게 기도를 배우다

뮬러는 말씀 속에서 무수한 기도의 사람들을 만나 기도를 배웠다.

롯을 위해 중보한 아브라함의 기도, 얍복 강가에서 드린 야곱의 기도, 아말렉을 물리친 모세의 기도, 태양을 멈추게 한 여호수아의 기도, 하나님의 뜻을 분별하기 위한 기드온의 기도, 위대한 지도자 사무엘을 낳게 한 한나의 기도, 쉬지 않고 기도한 사무엘의 기도, 다윗의 기도, 솔로몬의 기도, 3년 6개월 만에 비를 내리게 한 엘리야의 기도, 사환의 눈을 열어 천군 천사를 보게 한 엘리사의 기도, 사망 선고를 받은 절망적인 상황에서 생명을 15년이나 연장시킨 히스기야의 기도, 성전 재건을 위한 느헤미야의 기도, 민족의 아픔을 위해 눈물로 기도한 예레미야의 기도, 사자들의 입을 봉한 다니엘의 기도 등 무수한 기도를 배우며 그 기도의 모습을 자신의 기도 생활에 적용했다.

뮬러는 무릎 꿇고 말씀 속에서 만난 기도의 사람들을 통해 기도의 동기, 본질, 목적, 방법, 능력, 인내, 가치 등 기도에 대한 수많은 자산을 쌓았다. 그는 기도의 사람을 집중적으로 연구하고 배움으로 자신도 훌륭한 기도의 사람이 되었다.

chapter 5
응답에 대한 기대

조지 뮬러, 그는 응답에 대한
믿음의 기대를 결코 저버리지 않았다.

기도한 후에 응답을 기대하는 것은
곧 믿음의 표현이므로
응답에 대한 믿음의 기대를 저버리면
그만큼 기도 응답을 받기 어렵다.

생명력 있는 분명한 기대

조지 뮬러의 삶 가운데서 주목할 만한 사실 중 하나는 기도한 것들에 대해 분명한 믿음으로 응답을 기대했다는 것이다. 또한 다른 사람들에게도 기도 응답을 기대할 것을 진지하게 권했다.

뮬러는 1882년경 제9차 선교 여행을 떠났다. 웨이마우스, 칼라이스, 부루셀을 거쳐 6년 전 수 차례 말씀을 전한 적이 있는 라인 강변의 두셀돌프로 가서 여덟 번째로 말씀을 전하게 되었다.

1876년 이곳을 처음 방문했을 때 일인데 하루는 도시선교회의 경건한 선교사 한 분이 나를 찾아왔다. 그분은 아들이 여섯 있었는데, 여러 해 동안 그들의 구원을 위해 기도해 왔지만 아직 주님을 따르지 않는다면서 조언을 청했다. 나는 "자제분들을 위해 계속 기도하시기 바랍니다. 그리고 그 기도에 대한 응답을 기대하면서 하나님을 찬양하셔야 합니다." 하고 대답해 주었다.

그 후 6년이라는 세월이 지난 지금 다시 이곳 두셀돌프를 방문했는데 그분이 다시 찾아와 전에 나를 만난 후부터 내 조언을 기억하고 무척 진지하게 기도했다고 말했다.

나를 만난 지 두 달 뒤, 다섯 아들이 8일 만에 모두 결신했고 지난 6년 동안 계속 주님을 섬겨 오고 있다고 했다. 남은 한 아들도 자신의 영적 상태를 보기 시작했다면서 소망을 가지고 있었다.

이처럼 한번의 기도가 단번에 응답되는 것이 아니라 쉬지 않고 기도하며 진지함과 인내를 가지고 마지막까지 주님의 역사를 기다리며 응답을 기대할 때 응답이 온다.

마지막까지 기대하는 믿음은 더욱 기도의 소원을 분명하게 해준다.

많은 사람들이 하나님이 주시는 축복의 응답을 받기 전에 미리 낙담하거나 포기해 버린다. 하지만 쉽게 포기하는 기도는 너무나 어리석다. 간절히 기도하면서 하나님의 복된 응답을 진정으로 기대한다면 분명 새로운 변화가 일어날 것이다. 하나님의 응답을 진실로 기대했던 믿음의 사람 뮬러에게는 하나님의 역사가 분명히 나타났다. 그의 기도에는 생명력이 있었다. 하나님의 약속을 그대로 신뢰하며 갈망한 기도였다. 그처럼 응답에 대한 기대가 뚜렷했기에 그만큼 많은 응답의 역사가 나타났던 것이다. 만일 지금까지 기도 응답에 대한 기대가 약했다면 이제라도 응답을 강하게 소망하라. 기도가 더욱 진지해질 것이며, 이전보다 훨씬 더 큰 역사가 일어날 것이다.

그렇다면 어떻게 하나님의 기도 응답을 기대해야 할까?

살아 계신 하나님을 신뢰하라

무엇보다도 기도의 대상이신 하나님을 분명히 응답해 주실 수 있는 살아 계신 하나님으로 온전히 신뢰해야 한다.

뮬러는 초창기에 고아원 운영 목적을 밝히면서 이렇게 언급했다.

"내가 고아원 사역을 하는 중요한 목적 중 한 가지는 하나님이 살아 계시는 분임을 모든 사람들에게 나타내는 일이다."

뮬러가 의지한 하나님은 죽은 하나님이 아니라 '살아 계신 하나님'이셨다. 뮬러는 살아 계신 하나님께 구했고, 살아 계신 하나님은 분명한 응답을 보여 주셨다. 하나님은 기도하며 응답을 기대하는 자에게 그분의 살아 계심을 확연히 드러내시길 기뻐하신다.

니체는 하나님이 죽었다고 했다. 실존하시는 하나님, 실제로 우리 삶의 현장에 다가오시는 하나님을 불신했다. 하지만 그분은 창조주 하나님이시요 지금 이 순간에도 우리를 품에 안아 십자가의 능력으로 회복시켜 주신다. 세미하지만 생생한 음성을 들려주신다. 그러므로 기도 응답을 해주실 수 있고, 우리가 응답을 기대할 수 있는 것이다.

하나님이 인간에게 요구하시는 것은 '기대하는 믿음'이다. 기도 응답은 얼마나 하나님의 살아 계심을 믿고 구하느냐, 응답을 얼마나 분명하게 기대하느냐에 달렸다. 하나님은 성도들이 기도할 때 적극적으로 개입하신다. 모든 그리스도인을 향한 하나님의 사랑은 동일하다. 인간 편에서 중심에 하나님의 자리를 준비하기만 하면, 하나님은 그의 기도에 관여하시고 기도 내용을 구체적으로 돌보기 시작하신다.

무엇보다도 신구약성경은 우리에게 너무나 확실하게 살아 계신 하나님, 응답하시는 하나님을 보여 준다. 엘리야의 기도 왕상 18:36-40만 봐도 알 수 있다. 엘리야는 살아 계신 하나님께 기도했고, 살아 계신 하나님은 과연 불로써 그분의 살아 계심을 나타내셨다.

약속을 바라보고 기대하라

뮬러는 기도의 삶을 산 동시에, 그 기도에 대한 하나님의 약속을 뚜렷하게 지속적으로 바라보았던 믿음의 사람이었다. 그는 어려운 환경이나 연약한 인간을 바라보기보다 항상 하나님의 분명한 약속을 바라보는 좋은 습관을 갖고 있었다. 그는 절망적인 현재의 상황을 보며 절망에 빠지지 않고 계속적인 기도와 믿음을 유지하며 하나님의 약속을 꾸준히 바라봄으로써 형용할 수 없는 응답의 기쁨을 체험했다.

뮬러는 하나님 앞에 기도한 일들에 대해 조금도 의심하지 않았다. 하나님의 놀라운 응답을 뚜렷하게 바라보며, 그 응답의 고지를 향해 꾸준히 믿음의 기도로 걸어갔다. 그는 자신이 사모하고 기대하는 하나님을 자신의 적극적인 후원자로 굳게 믿고 기도했다. 하나님께서는 그 기도의 마지막 고지에서 약속대로 응답의 샘을 제공해 주셨다.

하나님은 그분의 백성을 직선코스로 인도하시지 않고 언제나 굴곡이 심한 곡선코스로 인도하신다. 때론 같은 자리에서 맴돌게 하신다. 하지만 한없이 늦어지는 것처럼 보이는 그 자리에서도 하나님을 꾸준히 신뢰하며 기대해야 한다. 하나님은 믿음으로 자신을 바라보는 사람들이 힘겨워할 때 신비한 은혜의 후광을 비춰 주신다.

기도는 기도하는 사람의 것이지만, 응답의 주권은 하나님께 있다. 뮬러는 자신의 일은 기도하며 믿음으로 기대하는 것이고, 하나님의 일은 기꺼이 응답하시는 일임을 분명히 깨달았다. 그래서 기도에 대한 부담만 가졌을 뿐 응답에 대한 부담에서는 자유를 누렸다. 그 자유는 하나님을 향한 분명한 믿음과 기대에서 나온 것이었다.

뮬러는 하나님의 약속을 충실히 바라볼 때 누구든지 하나님의 도우심을 체험할 수 있다며 자주 기도할 것을 권고했다. 기도하고 기대하는 일, 이것은 대단히 중요하다! 히브리서 기자는 믿음이 없으면 하나님을 기쁘시게 할 수 없다는 점을 지적하면서 동시에 하나님께 나아가는 자는 반드시 그분이 상 주시는 분임을 믿으라고 권고했다 히 11:6. 믿음으로 응답의 상을 기대하라는 의미이다.

뮬러의 기도 생활에서, 조금도 의심의 여지 없이 하나님의 약속을 믿고 믿음의 기대를 계속 유지했다는 점은 특별히 귀하게 평가되고 있다.

포기하지 말고 기대하라

뮬러는 어려움이 닥칠 때에도 포기하지 않고 하나님의 응답을 계속 기대했다. 그는 가장 어려운 시기에 고아원을 운영했다. 환경적으로 전혀 불가능한 상황이었다. 주위 사람들은 모두 안 된다고 고개를 저었다. 그러나 그는 어려운 환경보다 환경을 변화시키시는 능력의 하나님을 신뢰하며 기대했다. 그 결과 실제적으로 뮬러의 기도와 그 기대처럼 하나님은 풍성하게 채워 주셨다.

대부분의 사람들은 자신의 일이나 환경이 좋을 때에 하나님께 감사하고 즐거워한다. 그러나 원치 않은 어려운 상황을 만나면 하나님을 의심하고 하나님의 응답에 대해 회의적인 시각을 가진다. 또한 어려움이 길어질 때는 더욱 실망하고, 심지어 하나님을 떠나기도 한다.

하지만 뮬러는 침묵만 흐르는 삭막한 터널 한가운데서도 하나님을 신뢰하며 기도했다. 죄와 절망이 난무하는 공존의 거리에서 찬바람을 맞으면서도 따스한 가슴을 유지한 채 기도의 외길을 걸었다. 산곡을 휘돌아 가는 물길이 물안개로 보이지 않을 때에도 여전히 그곳에 하나님의 빛이 비춰고 있음을 신뢰하며 기다렸다. 극한 역경에 부딪혔을 때에도 주저하거나 포기하기보다 오히려 하나님 앞에 가까이 갈 수 있는 기회임을 깨닫고 즉시 도움을 구하러 하나님께 나아갔다. 그리고 은총을 기대했다. 그의 기대대로 어려움의 순간들은 오히려 하나님의 강력한 능력과 은혜를 체험할 수 있는 멋진 기회가 되었다.

chapter 6
은밀한 기도

조지 뮬러, 그는 은밀한 기도를
공중 기도보다 더 중요시했다.

아무도 보지 못하게 드리는 은밀한 기도는
다른 어떤 형태의 기도보다
훨씬 더 능력 있고 더 효과적이다.

은밀한 기도를 중시함

뮬러는 사람들과 같이 합심 기도도 드렸고, 예배나 성경 공부 혹은 기도회 때 공중 기도도 드렸다. 그러나 '은밀한 기도'를 가장 중시했다.

공중 기도는 결코 은밀히 행하는 주님과의 교제를 대신할 수 없다.

그는 골방에서 드리는 은밀한 기도가 얼마나 중요한지를 보여 준 대표적인 기도의 인물이다.

그는 하나님과의 깊은 교제는 크게 소리치는 공중 기도에 달려 있지 않다는 사실을 깨달았다. 하나님과의 진정한 교통은 은밀한 기도 가운데서 가장 잘 이루어질 수 있다는 사실을 충분히 인식했다. (하지만 은밀한 기도가 중요하다고 해서 공중 기도의 가치를 격하시키면 안 된다. 공중 기도도 간절하고 진실하게 드림으로써 큰 역사를 일으킨 경우가 많다.)

특히 바리새인들의 인간 중심적 기도 방식마 6:5 이하을 철저히 경계했다. 사람의 인기보다 하나님이 주시는 상급에 초점을 두는 기도를 드렸다. 또한 겸손한 세리의 기도가 얼마나 소중한지를 잘 알고 있었다. 기도 내용이 아무리 좋아도, 기도 목소리가 특별히 유창하고 아름다울지라도 겸손한 믿음의 자세와는 바꿀 수가 없다. 뮬러는 하나님의 뜻을 외면한 채 자신의 의를 드러내려는 기도는 다 쓰레기통에 던져지는 휴지 조각에 불과하다는 사실을 알고 있었다.

많은 그리스도인들이 기도 모임에서는 열심히 기도하는 것 같지만 은밀한 기도를 등한시하는 위험에 빠져 있다. 은밀히 기도하는 성도가 적을수록 하나님의 영광은 더욱 가려지고, 은밀히 기도하는 성도가 많을수록 하나님의 영광은 더욱 빛나게 된다.

고아원을 운영하며 확장하는 일은 인간의 지혜와 힘만으로는 불가능했다. 그래서 뮬러는 1834년 5월 초순에 '성경연구회'를 설립하며 중대한 원칙을 몇 가지 세웠다. 그중 한 가지가 이것이다.

> 우리는 부채를 짐으로써 일하는 터전을 확대하기보다 은밀한 기도로써 성경연구회가 필요로 하는 것들을 주님께 구하고 하나님이 우리에게 주시는 물자를 가지고 알맞게 일할 것이다.

"외식하지 말라"

예수께서는 사역 초기에 기도에 관한 중요한 교훈들을 남기셨다. 그 중에 주기도문과 더불어 은밀한 기도가 대표적이다. 주님께서 주기도문을 가르치시기 전에 은밀한 기도를 먼저 가르치셨다는 점은 의미 있는 일이다.

또 너희는 기도할 때에 외식하는 자와 같이 하지 말라 그들은 사람에게 보이려고 회당과 큰 거리 어귀에 서서 기도하기를 좋아하느니라 내가 진실로 너희에게 이르노니 그들은 자기 상을 이미 받았느니라 너는 기도할 때에 네 골방에 들어가 문을 닫고 은밀한 중에 계신 네 아버지께 기도하라 은밀한 중에 보시는 네 아버지께서 갚으시리라 또 기도할 때에 이방인과 같이 중언부언하지 말라 그들은 말을 많이 하여야 들으실 줄 생각하느니라 그러므로 그들을 본받지 말라 구하기 전에 너희에게 있어야 할 것을 하나님 너희 아버지께서 아시느니라 마 6:5-8

이 말씀은 뮬러에게 특별한 의미가 있었다. 주님이 은밀한 구제를 요구하시듯이 '은밀한 기도'를 얼마나 요구하시는지 늘 기억했던 것이다. 오늘날은 죄악은 은밀히 행하면서도 기도는 드러내어 하기를 좋아하는 사악한 시대다. 하지만 뮬러는 사람에게 보이는 구제, 사람에게 나팔 부는 기도와 봉사가 앞설까 늘 자신을 채찍질했다. 그는 은밀한 구제와 은밀한 기도, 그리고 은밀한 수고를 진정 원했고 또 그렇게 살았다.

하나님은 외적 형태로 나타나시는 분이 아니라 '은밀하신 하나님'이시다. 그분은 어느 시기에나 은밀히 수고하고 기도하는 자를 특별히 기억하고 찾으신다. 그러한 자에게는 더 크고 풍성한 것으로 채워 주신다.

골방* 안에서

뮬러는 기도할 때 사람이 아니라 오직 하나님께만 관심을 두었다.

은밀한 기도를 꾸준히 드리는 사람은 비련의 주인공이 되지 않는다. 가장 어려운 시기에 가장 위대한 하나님의 손길을 느끼고, 정금보다 소중한 하나님의 광맥을 찾기 때문이다. 은밀한 기도를 통해 향긋한 응답의 열매를 발견하게 된다.

뮬러는 사람에게 마음과 눈을 두는 기도가 얼마나 외식적이고 무가치한 기도인지 잘 알고 있었다. 하나님 외에 다른 것에 목적을 둔 기도는 응답의 열매를 볼 수 없다.

뮬러에게 있어서 기도는 사람들이 듣기 좋은 아름다운 목소리, 유창한 말솜씨가 아니었다. 단지 자신의 모든 것을 하나님께 진술하게 고백할 뿐이었다. 그는 살아 있는 정직한 기도를 드렸다. 뮬러가 취한 기도의 가장 좋은 방법은 골방에 들어가 문을 닫는 일이었다. 골방 기

---

* 골방을 꼭 자기 집의 조용한 방으로 제한시킬 필요는 없다. 단지 하나님 앞에서 기도할 때 방해를 받지 않는 장소, 가장 정직하고 정성스럽게 심령을 바쳐 대화할 수 있는 조용한 장소면 된다.

도에 전념했을 때 신앙에 있어 상당한 진전을 이룰 수 있었고, 또한 고아원 사역을 성공적으로 이끌 수 있었다.

'골방'이란 하나님만 보시는 은밀한 장소를 가리킨다. 골방은 모든 그리스도인들이 하나님을 만날 수 있는 가장 아름다운 장소이다. 그 장소를 잘 이용한 대표적인 인물이 바로 조지 뮬러이다. 그는 그곳에서 하나님께 가장 가까이 갈 수 있었다. 하나님은 어느 시대에나 마찬가지로 오늘날도 여전히 골방에서 그리스도인의 여러 가지 고민들을 놓고 함께 대화를 나누고 싶어하신다.

그분은 특별히 한 사람씩 진지하게 만나기를 원하신다. 인격적으로 진지하고 허심탄회하게 대화하기를 원하신다. 기쁜 일이든 고통스러운 일이든, 모든 문제를 가지고 깊은 대화를 나누기를 원하신다. 그 골방에는 누구든지 들어올 수 있다. 단, 마음이 교만한 자는 결코 들어올 수 없다.

우리는 스스로에게 이런 질문을 던져 보아야 한다.

나에게 골방이 있는가?

나는 하나님을 만날 준비가 되어 있는가?

나에게 은밀히 기도할 수 있는 자리가 마련되었는가?

나는 그 골방에서 얼마나 진지하게 하나님을 찾는가?

하나님이 보실 때 골방은 왕이 사는 궁궐보다도, 부호들이 출입하는 별장이나 특급호텔보다도 훨씬 아름답다. 하나님은 대중보다 하나님을 진정 만나기를 갈망하는 '한 사람'을 더 원하신다. 마치 아브라함 한 사람을 만나 대화하셨듯이, 노아 한 사람을 만나 대화하셨듯이, 모세 한 사람을 만나 대화하셨듯이, 오늘날도 여전히 한 사람씩 만나기를 원하신다.

바로 뮬러가 그러했다. 그는 하나님의 기대에 어긋나지 않는 은밀한 기도 시간을 자주 가짐으로써 하나님께 호감을 얻었다.

하나님은 많은 사람들이 환영하는 유명인사보다 비록 가난하고 배운 것이 없어도 그 모습 그대로 골방에 들어가 기도하는 소수의 사람을 찾으신다. 사람들이 북적거리는 곳에서 주목받는 인기인이 아니라 은밀한 골방을 택하는 소수를 찾으신다.

하나님은 그 골방에서 용서하시고, 골방에서 대화하시며, 골방에서 무한한 사랑과 자비를 베푸신다. '골방' 이야말로 우리가 찾아야 할 가장 중요한 곳이다. 하나님이 기다리시는 곳이다. 그곳에서 창조주 하나님과 매우 깊고 가치 있는 영적 대화를 나눌 수 있으며, 하나님의 은은한 사랑과 기적들을 맛볼 수 있다.

뮬러는 골방에서 은밀하게 보시는 아버지를 특별히 사모했다

사람들이 과욕으로 반항적이고 비인간적인 삶을 영위할 때 하나님은 골방에서 참고 기다리신다. 뮬러는 하루하루 순간순간마다 기도의 골방으로 조용히 들어갔다. 교활한 사탄의 유혹들을 이겨내고 하나님을 향해 나아갔던 것이다. 거기서 하나님을 찾고 일대일로 깊은 대화를 주고받았다. 그 시간들은 그에게 영적 힘이 되어 주었다.

하나님의 은혜를 가장 효과적으로 누릴 수 있는 곳이 골방이다. 뮬러에게 골방은 기도의 역사를 일으키는 특별한 장소였다. 하나님의 은혜와 풍성한 기적들을 가장 강력하게 체험하는 장소요 슬픔의 옷을 희락의 옷으로 바꿔 준 장소였다.

하나님은 웅장한 건물에서보다 골방을 통해 더 큰 역사를 일으켜 오셨다. 마치 극한 환난 중에서도 숨겨진 지하 교회를 통해 더 큰 복음의 역사를 일으키신 것과 같다.

뮬러는 모든 문제를 원만하게 해결하기 위한 장소를 골방으로 삼았다. 골방에서 만난 하나님 아버지는 무척 자비로우셔서 뮬러의 사역에 모자람이 없도록 날마다 풍성하게 공급해 주셨다.

뮬러는 골방에서 마음을 100% 열었다

뮬러의 기도 가운데 가장 하나님의 마음을 움직이게 했던 부분은 무엇이었을까? 바로 그의 '열린 마음'이었다. 마음을 100% 열 수 있는 장소는 골방뿐이다. 맑고 순수하게 기도할 수 있는 축복의 장소가 바로 골방이다.

뮬러는 어떤 기도가 하나님의 마음을 움직이는지 알았다. 바로 현재 자신의 심중에 있는 모든 것을 조금도 숨김 없이 낱낱이 하나님께 쏟아 놓는 기도이다. 그는 자신의 골방에서 매일매일 격식이나 가식이 일체 없는 정직한 기도를 하나님께 드렸다(이것은 뮬러의 가장 중요한 기도비밀 중 하나이다).

뮬러는 골방에서 하나님의 보좌를 움직이는 기도, 하나님의 엄청난 보화를 공급받는 기도를 매일매일 드렸다. 진심으로 바쳐진 뮬러의 기도는 하나도 남김없이 하늘 보좌에 열납되었다. 100% 열린 순수한 믿음의 심령밭은 하나님의 마음을 충분히 기쁘시게 했고, 그분은 풍성한 응답의 열매를 허락해 주셨다.

참으로 기도란 특이한 것이다. 기도를 통한 선견은 예방책을 낳는다. 사탄을 향한 방어망을 구축시켜 준다. 골방에서 드리는 기도는 사탄의 계획과 유혹을 무능하게 만든다. 어둠과 겨루어 세상을 정복할 수 있게 해준다.

기도 응답은 아름다운 목청이나 외모와는 아무런 상관이 없다. 기도 응답은 은사나 직분, 경력이나 학벌, 직업이나 재산과도 아무런 상관이 없다. 더욱이 기도 응답은 권세와 명예 따위와는 전혀 상관이 없다. 오직 기도 응답은 하나님 아버지의 뜻과 그분을 향한 믿음, 그리고 100% 열린 마음을 통해서만 이루어진다.

뮬러, 그는 자신의 모습을 가장 적나라하게 펼쳐 보였던 장소, 곧 골방을 잘 택해 사용함으로써 하나님과의 아름다운 관계를 지속적으로 유지할 수 있었다.

골방에서의 은밀한 기도는 가장 정직해질 수 있는 최선의 기도일 것이다. 아마 골방보다 더 진실하게 기도할 수 있는 장소, 골방보다 더 많은 응답을 얻을 수 있는 곳은 찾기 힘들 것이다. 골방에서 기도로 숙고하고 기도로 전투한다면 기도하는 사람의 심성은 유순한 양의 모습으로 회복될 것이며 미래는 밝아질 것이다.

은밀하게 기도하는 성도가 많아질수록 하나님의 영광은 더 커지고 응답되는 역사도 많아진다. 은밀하게 기도하는 부부의 가정은 굳게 세워진다. 은밀하게 기도하는 성도들이 많은 교회는 지속적으로 성장하며 굳게 세워진다. 풍랑이 와도 쉽게 무너지지 않는 것은 은밀한 기도의 힘 때문이다. 은밀하게 기도하는 중보기도의 대부분은 하나님께 놀라운 응답을 받아내는 귀중한 자산이 된다.

골방에서 친구를 위해 기도하는 자, 골방에서 일가친지를 위해 기도하는 자, 골방에서 일터를 위해 기도하는 자, 골방에서 민족을 위해 기도하는 자, 골방에서 온갖 소원을 놓고 기도하는 자, 그들은 분명 언젠가 하나님의 분명한 응답을 목도할 것이다. 골방에서 드리는 한 사람의 기도는 많은 사람 앞에서 드리는 열 사람의 기도보다도 더 강력한 역사를 일으킬 것이다!

뮬러는 수많은 나날들을 은밀한 기도를 하며 보냈다. 그곳에서 사람들이 듣지 못한 많은 것들을 하나님 아버지께 들었다. 무엇보다도 그의 은밀한 기도에 하나님께서 친히 보상해 주셨다. 이로 인해 특별히 감사할 수밖에 없었다.

자비로우신 하나님은 은밀히 기도하는 뮬러를 조금도 실망시키지 않으셨다. 그 하나님은 또한 내 하나님도 되시며, 내 아버지도 되신다!

chapter 7

한 영혼을 향한 뜨거운 사랑

조지 뮬러, 그는 영혼 구원을 위한
뜨거운 사랑의 열정을 소유했다.

한 영혼을 사랑할 줄 모르는 사람은
아직도 그리스도를
사랑하는 사람이 아니며
하나님의 사랑을
체험하지 못한 사람이다.

뮬러의 사랑의 힘

뮬러는 모든 인간이 다 하나님 앞에 설 수 없는 죄인임을 깨닫고 만나는 사람들에게 뜨거운 하나님의 사랑을 보여 주었다.

사람들은 의도적으로 상대의 마음을 끌기 위해 혹은 자신이 사랑받기 위해 타인을 사랑하는 경우가 많다. 하지만 뮬러는 그리스도의 십자가에서 본질적 사랑을 공급받아 무조건적 사랑을 베풀었다. 사람들이 들어가기를 주저하고 외면하는 빈민의 땅, 척박한 땅에 들어가 어려운 사람들과 함께 고난 받으며 헌신적인 사랑의 삶을 살았다.

뮬러는 만나는 사람마다 그 영혼을 움직이는 특별한 사랑의 힘을 소유하고 있었다. 그는 사랑을 주었고 꿈을 주었으며 복음을 주었다. 죄인들을 구원하고자 하는 간절한 사랑은 고아원을 세워 경영하는 일에 가장 큰 힘으로 작용했다. 그의 사랑에서 나온 기도는 고아들의 가슴속을 파고들었으며 뭇 영혼을 흔들었다.

뮬러가 이처럼 뜨거운 사랑을 갖게 된 동기는 하나님의 사랑을 체험한 데서 비롯했다. 하나님의 사랑을 깊이 체험했을 때 하나님을 사랑할 수밖에 없었고, 길에 버려진 고아들을 사랑할 수밖에 없었다. 하나님의 사랑의 포로가 되어 자신의 재능과 물질, 마음과 몸 그리고 전 생애를 온전히 고아원 운영과 선교 사역에 바쳤던 것이다.

조지 뮬러에게 있어서 한 고아의 영혼은 온 천하보다 귀했다. 마치 고아들의 생명과 뮬러의 생명이 하나로 연결된 것 같았다. 고아들의 배고픔은 자신의 배고픔이며, 고아들의 기쁨은 자신의 기쁨이었고, 고아들의 아픔은 자신의 아픔이었다. 한 생명의 가치를 진정으로 알고 있었던 것이다.

주님의 관심

예수님의 관심을 살펴보면 차별은 없었으나 구별은 있었다. 높은 사람보다 낮은 사람, 부자보다 가난한 자, 어른들보다 어린아이 하나 막 9:36-37, 군중보다 아기와 젖먹이들 마 21:16, 바리새인보다 세리 눅 18장, 건강한 자보다 병든 자 눅 5:31, 의인보다 죄인 눅 5:32에게 더 관심을 보이셨다. 주님의 복음은 이렇게 선포되었다.

주의 성령이 내게 임하셨으니 이는 가난한 자에게 복음을 전하게 하시려고 내게 기름을 부으시고 나를 보내사 포로 된 자에게 자유를, 눈먼 자에게 다시 보게 함을 전파하며 눌린 자를 자유롭게 하고 주의 은혜의 해를 전파하게 하려 하심이라 눅 4:18-19

뮬러는 하나님의 말씀을 매일 읽으며 묵상하는 중에 자주 감동되었다. 한번은 시편을 읽는 중에 "그의 거룩한 처소에 계신 하나님은 고아의 아버지시며……"시 68:5라는 말씀 앞에 큰 감동을 받았다. 자신의 사명을 분명하게 발견한 것이다. 그때부터 뮬러의 관심은 오직 "고아"였다. 특히 부모를 잃고 거리로 내몰린 배고픈 아이들에게 최대의 관심과 사랑을 기울였다.

뮬러는 그들을 사랑하고 돌보는 일이 곧 하나님을 사랑하는 일이라고 생각했다. 한 영혼을 진정 사랑한다면 그것이 바로 주님을 진정 사랑하는 길이 되는 것이다. 몇 명의 아이들을 소중히 받아들여 돌보기 시작한 것이 수십 명, 수백 명, 1천 명, 2천 명 이상으로 늘어났다. 아이들에게 뮬러는 따뜻하고 사랑 많은 아버지와 같았다. 곧 하늘 아버지의 모습을 그들에게 선명하게 보여 준 것이다.

이 세상에 하나님의 사랑보다 더 아름다운 것이 어디에 있겠는가! 외아들을 십자가에 내어 주시기까지 했던 사랑, 그 사랑은 실로 엄청난 것이다. 뮬러는 그 사랑을 가슴속에 지니고 다녔다. 그 사랑이 불타고 있는 한 이웃을 사랑하지 않을 수 없었고, 이웃을 위해 기도하지 않을 수 없었다. 특별히 거리에 버려진 아이들에게 그 사랑을 전하지 않을 수 없었다. 뮬러는 그 아이들에게 자신의 모든 것을 내어 주고자 했으며, 그리스도의 사랑을 행동으로 몸소 보여 주었다.

뮬러는 외로운 자를 위로해 주었고, 기도가 필요한 자에게 눈물로 기도해 주었으며, 추위에 떠는 아이를 따뜻하게 보살펴 주었다. 말벗이 없는 이에게 하늘나라의 이야기를 들려주었고, 굶주리고 헐벗은 이를 먹이고 입혀 주었다. 뿐만 아니라 그들의 눈물을 닦아 주며 굶주린 영혼에 영의 양식까지 공급해 주었다.

뮬러에게 있어서 사랑은 공상, 낭만, 꿈, 환상 같은 것이 아니었다. 그 사랑은 희생이었고 아픔이었으며 하나님을 향한 헌신이었다. 이처럼 사랑한다는 것은 무척 힘들고 어려운 일이다. 참된 사랑에는 희생과 고난이 따르기 때문이다.

사랑에는 네 가지 단계가 있다고 한다. 첫째는 관심의 단계, 둘째는 이해의 단계, 셋째는 마음과 물질을 내어 주는 헌신의 단계, 넷째는 극한 상황에서도 모두 내어 주는 무조건적 희생의 단계이다. 뮬러는 마지막 단계의 사랑까지 실천했던 사람이다. 그 사랑으로 고아원 사역에 헌신할 때 하나님의 놀라운 은총이 임했다. 셀 수 없는 기도 응답의 기적은 한 영혼 한 영혼을 향한 뜨거운 사랑에서 나온 것이었다.

고아들은 뮬러를 통해 하나님 아버지가 어떤 분이신지 알게 되었다. 뮬러가 삶으로 그분을 뚜렷하게 보여 주었기 때문이다. 그 영향은 브리스톨과 영국의 전 지역을 흔들었고, 세계인들에게까지 전해졌다.

뮬러의 가슴은 항상 주의 사랑으로 불타고 있었다. 뮬러의 심령이 성령의 용광로 속에 들어가서 녹아졌던 것이다. 거기서 얻은 그 뜨거운 사랑은 충분히 이웃에게 전달될 수 있었다.

"오 주여, 오늘도 영혼을 사랑하는 마음으로 충만케 하소서!"

아프리카에서 복음을 전한 리빙스턴의 가슴은 금방 성령의 용광로 속에 들어갔다 나온 사람 같았다!

유명한 전도자 무디는 사랑의 불을 소유하고 뭇 사람의 영혼에 그 불을 지피며 세계를 휩쓸고 다녔다!

미국의 유명한 설교자 스펄전 목사의 발 밑에는 항상 기도의 불이 활활 타고 있었다. 그 불은 수많은 청중을 감화하고도 남았다!

데이비드 브레이너드는 하나님의 소명을 받은 후 이렇게 말했다.

"나는 그리스도를 위해 영혼들을 건지는 일을 하기 위해서라면, 어디에서 어떻게 사느냐 하는 것은 상관이 없다. 또한 어떠한 어려움을 당해야 하는지에 대해서도 염려하지 않는다."

뭇 영혼을 위한 불타는 사랑이 계속 살아 있을 때, 주위의 영혼들이 변할 수 있다. 오늘날 우리도 뮬러처럼 기도해야 하지 않을까?

오 하나님, 제 가슴이 십자가의 사랑으로 활활 타오르게 해주소서!
영혼을 구하기 위한 사랑의 불길이 치솟게 하소서!
그 불이 이웃의 가슴마다 지펴지게 하소서!

chapter 8

하루 중 최상의 시간을 드림

조지 뮬러, 그는 하루 중
최상의 시간을 주님과 교제하는 데 바쳤다.

하루 중 가장 좋은 시간을
하나님께 기꺼이 바치는 사람은
하나님의 음성을 분명히 들을 수 있으며
하나님의 능력과 여러 가지 도움을
지속적으로 공급받을 수 있다.

하나님과 교제하는 시간

뮬러는 하루 중 최상의 시간을 하나님을 위해 기꺼이 내놓았던 사람이다. 이것은 하나님이 주신 시간의 자원을 최적배분하는 일이었다. 뮬러는 몸이 허약한 중에도 아침 일찍 일어나 먼저 하나님과 교제하는 고결한 시간을 가졌다. 그는 잠자리에 오래 누워 있는 것을 시간 낭비로 여겼다. 그래서 일찍 자는 습관을 들여야 한다고 했다.

기도와 말씀 묵상에 바친 시간들은 그의 모든 사역에 가장 큰 힘이 되었다. 마치 발전소 같은 역할을 했다고 할 수 있다. 발전소에서 가정에 전기를 보내 주지 않는다면 어둠 속에서 지내야 할 것이다. 이처럼 영적 생활에서도 기도와 말씀 묵상으로 하나님과 교제하는 시간을 만들지 않는다면 하나님 앞에서 실패의 삶을 사는 사람으로 남게 되고, 영적 힘을 공급받지 못함으로 인해 결국 영양실조에 걸려 영혼이 병들거나 아니면 치명적인 상황에 직면하게 될 것이다.

뮬러는 기도해야 할 최상의 시간에 기꺼이 기도함으로써 신앙생활의 기반을 든든히 세웠다. 미래의 자원을 미리 확보했다. 이것은 축복의 열매가 풍성히 맺히게 하는 비옥한 옥토를 만드는 자양분 같은 시간들이다. 그래서 미리 비축한 기도의 토양에서 수많은 위기의 순간마다 하나님의 기적적인 도움을 넉넉하게 받을 수 있었던 것이다.

기도하는 그의 심령과 눈에는 신비한 성령의 빛이 가득했고, 생명력 있는 신앙생활로 나아갈 수 있었으며, 어려운 일이 닥칠 때도 의연함을 잃지 않을 수 있었다. 오히려 도움을 주시는 하나님을 신뢰해 수백 수천의 고아들의 배를 그때그때 충분히 채울 수 있었다. 나아가 그의 기도는 주위 사람들에게 계속적인 힘과 위로가 되었고, 그들의 심령밭에 믿음과 평화를 가져다주었다. 이 모든 것은 바로 기꺼이 기도에 자신의 시간을 바쳤기 때문이다.

효과적인 교제 방법

뮬러는 아침에 주님과 교제하기 위한 방편을 몇 가지 보여 주었다.

먼저, 일찍 잠자리에 드는 습관을 가지라.

잠자리에 늦게 들면 그만큼 아침 시간을 찾기가 어려워진다. 술로 밤을 지새우는 사람이 어찌 아침 시간을 선용할 수 있겠는가. 귀중한 이른 아침 시간들을 허비하지 않으려면 잠자리에 빨리 들어야 한다.

내일을 위해서 오늘 밤 무리하게 정열을 쏟지 말아야 한다.

둘째, 아침에 일단 눈을 뜨면 즉시 일어나라.

뮬러는 게으름과 안일함에 자신을 내맡기지 않았다. 자신의 마음과 육신을 겟세마네 동산에서 기도하신 주님께 맡겼다. 거기서 오는 놀라운 응답과 희락, 풍족함을 남달리 누렸기 때문이다.

제아무리 아침 일찍 일어나겠다고 마음을 굳게 먹어도 잠이 깨는 순간 즉시 일어나지 않는다면 그 어떤 대장부도 피곤함과 잠 앞에 무너져 버리기 쉽다. 일단 눈을 뜬 그 순간에, 한참 생각하거나 기도할까 말까 하는 망설임을 조금도 갖지 않아야 한다. 망설이는 그 순간, 육신은 우리를 늦잠으로 몰고 갈 것이다. 조금 졸리고 피곤하다 할지라도 마음을 다잡고 일어나야 한다. 바로 세수를 하면 더욱 좋다. 30분 더 자는 것보다 훨씬 더 상쾌한 하루가 될 것이다.

셋째, 몸이 몹시 좋지 않을 때 외에는 항상 주님과의 교제 시간을 지키도록 힘쓰라.

육체가 너무 피곤하거나 병이 났을 때는 휴식을 취해야 한다. 그리스도인들은 하나님 나라를 위해 충성해야 할 존재이지만 때때로 육체적 쉼을 누리는 시간을 가지는 것이 좋다. 안식일을 주신 이유 중 하나이기도 하다. 그러나 휴식이 너무 잦거나 혹은 계속된다면 하나님의 뜻에 역행될 수밖에 없다. 어느 정도 쉬었으면 다시 기도하고 하나님의 일에 전념해야 한다. 다시 시작하는 것은 더 힘들지만, 무척 극복하기 어려운 일도 습관이 되어 몸에 배면 점점 쉬워진다.

시간의 투자

뮬러는 기도 시간을 내일을 위한 투자로 인식했다. 지혜로운 사람은 주님과의 교제를 위해 가장 좋은 시간을 기도 시간으로 드린다. 이제부터 기도 시간을 주님과 약속하고 기꺼이 기도에 투자해 보라.

처음엔 기도 시간이 얼마나 되느냐에 신경쓸 필요가 없다. 기도의 맛을 알게 되면 잠깐 엎드려도 시간은 금방 지나갈 것이기 때문이다.

어떤 이는 이렇게 말한다. "하루에 1분도 기도하지 않는 사람은 하나님을 믿지 않는 사람일 것이다. 하루에 5분 정도 기도하는 사람은 아마 초신자일 것이다. 10분 혹은 20분 정도 기도하는 사람은 이제 성도가 되었을 것이다. 하루에 30분 혹은 1시간 이상 기도하는 사람은 이제 기도의 놀라운 터널로 들어가는 사람이다."

시간이 기도를 지배하도록 두기보다 기도가 시간을 지배하도록 하는 것이 훨씬 중요하고 지혜롭다. 기도의 맛을 알게 되면 1시간은 쉽게 흘러갈 것이다. 보통 1시간 이상씩 기도하는 사람은 기도의 터널 가운데로 깊숙이 들어온 것이다. 기도의 터널 속에는 하나님이 예비하신 놀라운 보화들이 가득 차 있다. 그 보화는 기도의 터널에 들어온 사람만이 발견할 수 있고, 또한 그들만이 소유하고 누릴 수 있다.

주님은 어느 날 시간에 대해서도 책임을 물으실 것이다. 시간을 살리는 일은 대단히 중요하다. 루스벨트는 대공황을 극복하기 위해 1933년부터 1939년까지 7년간 뉴딜정책을 펼친 대통령으로 유명하다. 그는 이렇게 말했다.

"오늘 하루 이 시간은 당신의 것이다. 하루를 선행으로 장식하라."

시간을 사용하는 데는 여러 가지 방법이 있지만 뮬러는 무엇보다도 첫 시간과 마지막 시간을 하나님을 위해 특별한 교제의 시간으로 떼어 놓았다. 그 시간은 어느 시간보다도 귀하게 여겼으며, 하나님과 자신만의 특별한 시간으로 삼았다. 그것은 하나님을 기쁘시게 하는 일이었으며 응답의 기반을 든든하게 닦아 놓는 시간이 되었다.

월포드의 찬송시는 1-4절 첫머리의 가사가 모두 "내 기도하는 그 시간 그때가 가장 즐겁다"라고 되어 있다. 뮬러에겐 주님과 교제하며 기도하는 시간이 가장 즐겁고 행복한 시간이었다. 이마에는 땀이 맺히고 눈에서는 눈물이 흘렀지만, 심령 깊은 곳에서는 한없는 영적 희락이 임했다. 그 영혼이 하나님 앞에서 즐거워하는 시간이었고, 자신의 영혼과 고아들의 영혼을 더욱더 강건하게 해준 능력의 시간이었다.

주님을 본받아

예수께서는 친히 좋은 기도의 습관으로 모범을 보이셨다. "예수께서 나가사 습관을 따라 감람산에 가시매"눅 22:39. 예수님은 잡히시기 전날 밤, 그날 한번만 감람산에 기도하러 가신 것이 아니었다. 습관적으로 가서 기도하셨다. 예수께서 기도하실 때에 어떤 역사가 일어났는가. "천사가 하늘로부터 예수께 나타나 힘을 더하더라" 눅 22:43. 그 기도의 힘은 온 인류를 구속하기 위한 원동력이 되었다.

주님께서는 사역의 첫 시간을 하나님 앞에 드렸고 마지막 시간 역시 기도로 하나님 앞에 드렸다. 주님은 광야에서 40일간의 기도로 공생애를 출발해 기도로 사역을 진행하다가 기도로 마지막 생애를 단장하셨다. 죽어가면서도 기도를 멈추지 않으셨던 주님의 거룩한 모습이 얼마나 고결하고 성스러우며 아름다운지!

무엇보다 주님께서 십자가에 달려 기도하시는 모습은 이 세상의 모든 죄인들을 사랑으로 얼싸안는 모습이었다. 강도를 변화시키는 기도였으며, 뭇 영혼들을 감화시키는 기도였다!

예수님은 이 땅에 계시는 동안 최상의 시간을 기도로 드리셨다. 언제나 기도를 최우선으로 여기셨다. 주님의 기도의 빛은 강렬하고도 능력 있어 오고가는 세대들에게 기도의 원천이 되었다. 또한 오늘날에도 모든 그리스도인에게 무한한 생명의 능력으로 공급되고 있다!

주님의 기도를 본받아 최상의 시간을 기도 시간으로 바쳤던 뮬러, 그는 그 시간을 통해 진정한 영적 희락을 맛보았다. 또한 그 시간들은 그의 생애를 가장 빛나게 하는 축복의 기회가 되었다. 그가 저축한 기도 시간들에 대해 자비하신 아버지께서 충분히 보상해 주셨고, 하늘나라에서도 보상해 주실 것이다.

chapter 9
겸손한 삶

조지 뮬러, 그는 자신의 영예보다
항상 주님의 영예를 구했다.

자신의 영예를 구하지 아니하고
주님의 영예를 먼저 구하는 사람은
겸손한 사람으로 하나님 앞에서
가장 귀히 여김받을 자이다.

겸손한 사람

조지 뮬러, 그는 매우 겸손한 사람이었다. 그의 생애를 자세히 살펴보면 그의 품성을 알 수 있다. 그는 온유하고 겸손하신 그리스도의 품성을 많이 닮았다. 항상 섬기는 마음으로 일했고, 자신의 의를 조금이라도 드러내려는 흔적을 찾을 수 없다. 그를 가까이했던 사람들은 한결같이 뮬러의 겸손을 누구나 느낄 수 있었다고 전한다.

그는 일찍이 독일의 경건주의 운동에 영향을 받았다. 「경건의 열망」을 저술한 필립 야곱 슈페너에 의해 시발된 경건주의 운동은 헤르만 프랑케 등으로 이어지며 영국 부흥 운동의 초석이 되었는데, 뮬러는 그 영향을 받아 개인과 하나님 사이의 인격적 관계를 중시하며 낮아지는 섬김의 경건 훈련과 신앙 실천에 힘썼다. 그는 바울의 사상과 일맥상통하는 경건주의 창시자 슈페너의 말을 가슴에 새겼다.

> 본래 우리 속에 아무 선한 것이 없는 줄 우리 스스로 잘 알고 있다. 만일 선한 것이 조금이라도 있다면 그것은 하나님이 주신 것이다.

뮬러는 그만큼 자신이 하나님 앞에 내어 놓을 것이 없는 존재임을 인식하고 낮아졌다. 내려놓는 연습, 낮아지는 연습, 섬기는 연습, 하나님만 드러내는 연습, 이 모두가 겸손의 품성을 부여받을 때 가능하다.

세상 사람들은 업적을 평가받으려고 드러내기를 좋아한다. 하지만 뮬러는 겸손해서 오직 하나님으로부터만 삶을 평가받기를 원했다. 좋은 일, 인정받을 일이 생길 때마다 오직 주님 한분만 높이고 그분께 모든 영예를 돌려드리고 자신은 철저히 십자가 뒤로 숨었다. 뮬러가 하나님께 인정받은 이유, 기도 응답을 많이 받은 이유 중 하나도 바로 여기에 있었다. 하나님은 그러한 뮬러에게 경이로운 응답을 해주셨다.

그는 자신의 봉사와 삶을 미화시키지 않았다. 또한 성급하게 비교해 다른 사람보다 자신을 더 고상하고 존귀하거나 우월한 존재로 생각하지 않았다. 오히려 주위 사람들에게 기도를 요청하며 그들을 높여 주고 격려했다. 그리고 자신에 대해선 끊임없이 부족한 모습을 찾아 그것을 주님 앞에 가져가 점검받았다.

1838년 5월 중순경, 그는 이렇게 고백했다.

> 오늘 나의 부패한 본질에 대해 통탄할 일이 다시 생겼다. 내가 둘러싸여 있는 현실적인 은총에 대해 감사가 결여되어 있다. 죄악에 빠져서 오늘 저녁식사에 만족하지 못했다. 풍성한 양식에 대해 감사를 드리고 그 음

식 배후에 주님의 크신 은혜가 함께하길 진심으로 바라는 대신 나는 그 음식이 나에게 부당하다고 생각했다.

그는 자신의 영적 자질의 부족으로 인해 가끔 고통을 당하곤 했다. 1832년 10월 초순, 그는 크레이그와 비교해 목사로서 자기 자신을 개인적으로 평가해 보았다. 평가의 결론은 이것이었다.

내 설교보다 크레이그 형제를 통해 더 많은 사람들이 죄를 깨달았다. 먼저, 크레이그 형제는 나보다 영적으로 훨씬 더 준비된 사람이었다. 둘째로, 형제는 죄인들과 대화를 하기 위해 나보다 더 열심히 기도하고 있다. 셋째로, 형제는 나보다 더 자주 죄인들에게 말을 걸어 얘기를 나눈다.

그는 애슐리 다운에 고아원 건물을 지을 1851년 당시에, 얼마나 겸손한 마음을 원했는지 거룩한 숙고熟考의 자리에 들어가면서 이렇게 기록했다.

지금까지 주님께서는 모든 영광을 그분께 돌리는 순수한 갈망을 나에게 허락해 주셨다. 나는 주님께서 내게 겸손한 마음을 주시도록 간절히 구해야만 한다.

누가 이룬 일인가

뮬러의 헌신도는 높고 강했다. 커다란 모험이며 커다란 희생이었다.

자식을 건지기 위해 불바다로 뛰어드는 부모의 심정으로 섬김의 바다에 뛰어들어 자신을 바쳤다. 정말 자랑할 만한 요소들이 있다.

그러나 뮬러는 그 모든 헌신의 고통을 주님 뒤에 감추었다. 모든 영예를 주님께만 돌려드렸다. 그분으로부터 모든 것이 왔기 때문에 마땅히 그분께 돌려드렸다. 주님이 이루셨기 때문이다.

뮬러는 날마다 주님의 발아래 엎드려 자신의 부족함을 고백하며 주님의 은총을 구했다. 그는 자신의 영예는 한낱 지푸라기에 불과하다는 사실을 알았다. 오직 주님의 영예를 구하는 일이 곧 자신의 최고의 영예가 된다고 확신했다. 그는 시체 냄새가 진동하는 전염병의 소굴에서 땀으로 뒤범벅이 될 정도로 일했다. 또한 봉사와 더불어 눈물을 쏟아 기도하면서도 자신은 보이지 않는 별처럼 살아가는 데 만족했다. 오직 주님의 영광만을 세상에 밝히고자 했다. 거친 사람들을 대할 때 온유했으며, 비천한 사람들을 대할 때도 낮아졌다. 많은 수고와 헌신을 하고도 예수 그리스도의 종으로만 남았다. 자신의 이름을 드러내며 늘 자신이 했다고 말하는 사람과, 많은 헌신의 눈물과 땀을 뿌리면서도 주님의 은혜로 걸어왔다고 고백하는 사람 앞에 주님이 오실 때 두 부류는 희비의 쌍곡선을 그릴 것이다.

하나님의 영광만 드러냄

뮬러는 고아원 사역과 선교 사역을 감당할 때, 선교적 차원에서 하나님으로부터 얻고 체험한 사실들을 글로 쓰기 시작했다. 그는 시종일관 신실하신 하나님의 영광만 나타내고자 애썼다. 그는 자신이 출간한 저서에서 "인간들의 눈을 위대한 주인으로부터 그분의 도구에게로 옮기지나 않을까?" 하는 질문을 자주 제기할 정도로 혹 하나님이 아니라 자신이 드러나지는 않을까 조심했다. 그는 모든 일을 통해 주님의 영광만 나타나기를 갈망했다. 하나님 나라의 구원의 소식이 더욱 잘 전달되어 하나님의 이름에 합당한 영광을 그분께 돌리고자 함이었다.

이러한 그의 기도와 사역 가운데 하나님의 엄청난 은총이 임했다. 이는 조지 뮬러의 위대함 때문이 아니라 하나님의 자비 때문이었다.

1849년 6월, 뮬러가 고아원 사역을 시작한 지 12년 만에 애슐리 다운의 새 고아원으로 이사를 하게 되었다. 그는 새 고아원 이름을 지을 때 이렇게 권유했다.

"이 고아원의 이름을 결코 '뮬러의 고아원'으로 해서는 안 된다. 하나님의 도구에 불과한 나 같은 사람에게 합당치 못한 영예가 돌려지지 않게 하기 위해서다!"

뮬러의 겸손을 잘 보여 주는 말이라 하겠다.

뮬러가 죽기 얼마 전에 한 친구가 이렇게 말했다.

"하나님께서 자네를 집으로 부르실 때, 그것은 마치 배가 항해를 모두 마치고 항구로 들어가는 것과 같을 것일세!"

그러자 뮬러는 고개를 좌우로 흔들며 이렇게 대답했다.

"오, 그렇지 않다네. 날마다 '제 걸음이 실족되지 않도록 제 길을 붙드소서!'라고 기도할 필요가 있는 사람이 바로 이 연약한 사람 조지 뮬러라네."

뮬러가 죽기 전에 많은 고아들에게 편지가 왔다. 자기들의 아버지였던 뮬러에 대한 기념비를 크고 아름답게 세워 달라는 것이었다. 한 자매는 그 일을 위해 20파운드가 넘는 돈을 모았다. 그러나 뮬러는 사위에게 이렇게 말했다.

"내 묘비를 크게 해서는 안 되네. 조그마한 묘비만 세우도록 하게."

그가 남긴 보고서 자료들을 종합적으로 검토해 보면 바로 이러한 고백이었다.

제 기념비는 필요 없습니다. 저를 통해 회심한 모든 신자들이 다 저의 영원한 기념비가 될 것입니다! 이미 하나님은 저에게 많은 기념비를 주셨습니다. 영광을 받을 대상은 부끄러운 인간이 아닙니다. 위로부터 주시지 않으면 인간이 아무것도 받을 수 없습니다. 오직 하나님 한분께만 영광이 돌아가야 합니다!

뮬러, 그는 참으로 겸손하게 살다가 하나님께 간 주님의 신실한 종임에 틀림이 없다.

chapter 10
나누어 주는 삶

조지 물러, 그는 궁지에 처한 자들을
반드시 도와야 한다는 삶의 원칙을 세웠다.

도움 받기만을 바라고
남을 도우려고 노력하지 않는 사람은
아무것도 얻을 자격이 없다.

받기보다 베풀기

뮬러는 다른 사람들이 해주기를 바라기에 앞서 자신이 먼저 다른 사람들을 도와야 한다는 분명한 원칙을 세웠다. 그는 무엇보다도 궁핍한 이웃들을 반드시 돕겠다는 긍휼의 마음이 남달리 컸다. 말로만 돕는 것이 아니라 기도로 돕고 행동으로 도왔다. 그러면서도 그 돕는 행위가 자신의 일이 아니라 주님의 일임을 강조했다. 자신이 행하는 것이 아니라 주님이 하신다는 것이다.

뮬러는 자신이 하나님께 큰 도움의 은혜를 입은 자임을 항상 새기고 있었다. 주님의 십자가 은혜로 인해 세상 가치로 따질 수 없는 하늘나라의 엄청난 소망을 갖게 된 것이다.

뮬러는 만 가지 은혜를 입은 자로서 그 은혜의 빚을 갚을 일만 생각했다. 그는 하나님께 입은 사랑과 은혜를 간직하는 데 머무르지 않고,

기꺼이 자신의 생애를 주님이 기뻐하시는 일에 드리기를 원했다. 그의 영혼은 한 영혼, 한 작은 자를 돕고자 하는 열망으로 가득 찼다.

이 세상은 집단 이기주의, 신앙의 사유화 방향으로 흐르고 있다. 예수 그리스도의 복음 즉 신앙의 본질보다, 사람의 이름, 교회의 이름이 우상화되는 기이한 현실 속에서 순수한 신앙은 설 자리를 잃어 가고 있다. 또한 많은 사람들이 행복의 비밀을 모른 채 살아간다. 받는 데 진정한 행복이 있다고 생각하기 쉽다. 그러나 뮬러는 성경 말씀을 깊이 새기고 있었다.

"범사에 여러분에게 모본을 보여 준 바와 같이 수고하여 약한 사람들을 돕고 또 주 예수께서 친히 말씀하신 바 주는 것이 받는 것보다 복이 있다 하심을 기억하여야 할지니라" 행 20:35.

뮬러는 성경 말씀처럼 주는 데서 진정한 행복을 찾았다. 하지만 사랑을 베풀기 위해 지인들을 의지하지 않았다. 기업가를 이용하지 않았다. 그의 마음과 눈은 근원적 공급자이신 하나님만 의뢰했다. 그는 하나님으로부터 공급받아 베풂으로써 참된 만족을 누렸다. 주는 데서 진정한 보람을 찾았다. 그가 얻은 지식과 재능, 재물과 능력을 그대로 가지고만 있었다면 오늘의 그가 되지 못했을 것이다.

말씀을 적용함

뮬러는 "너희 소유를 팔아 구제하라" 눅 12:33 참조 는 말씀을 자주 묵상하며 자신의 삶에 그대로 적용했다.

그는 궁핍한 형제를 보고 그냥 지나치는 일이 없었다. 언제나 손을 내밀었고, 자신의 유익보다는 기꺼이 가진 것을 사랑으로 베풀었다. 그는 성경에 기록된 하나님 말씀을 삶으로 실천했던 것이다.

네 하나님 여호와께서 네게 주신 땅 어느 성읍에서든지 가난한 형제가 너와 함께 거주하거든 그 가난한 형제에게 네 마음을 완악하게 하지 말며 네 손을 움켜쥐지 말고 반드시 네 손을 그에게 펴서 그에게 필요한 대로 쓸 것을 넉넉히 꾸어 주라 삼가 너는 마음에 악한 생각을 품지 말라 곧 이르기를 일곱째 해 면제년이 가까이 왔다 하고 네 궁핍한 형제를 악한 눈으로 바라보며 아무것도 주지 아니하면 그가 너를 여호와께 호소하리니 그것이 네게 죄가 되리라 너는 반드시 그에게 줄 것이요, 줄 때에는 아끼는 마음을 품지 말 것이니라 이로 말미암아 네 하나님 여호와께서 네가 하는 모든 일과 네 손이 닿는 모든 일에 네게 복을 주시리라 땅에는 언제든지 가난한 자가 그치지 아니하겠으므로 내가 네게 명령하여 이르노니 너는 반드시 네 땅 안에 네 형제 중 곤란한 자와 궁핍한 자에게 네 손을 펼지니라……곧 네 하나님 여호와께서 네게 복을 주신 대로 그에게 줄지니라 신 15:7-11, 14

흩어 구제하여도 더욱 부하게 되는 일이 있나니 과도히 아껴도 가난하게 될 뿐이니라 구제를 좋아하는 자는 풍족하여질 것이요 남을 윤택하게 하는 자는 자기도 윤택하여지리라 잠 11:24-25

가난한 자를 구제하는 자는 궁핍하지 아니하려니와 못 본 체하는 자에

게는 저주가 크리라 잠 28:27

너는 네 떡을 물 위에 던져라 여러 날 후에 도로 찾으리라 일곱에게나 여덟에게 나눠 줄지어다 무슨 재앙이 땅에 임할는지 네가 알지 못함이니라 전 11:1-2

구제의 4가지 원칙

뮬러는 아름다운 구제의 삶을 위해 몇 가지 원칙을 세웠다.

1. 은밀히 행하라

뮬러는 구제할 때 은밀히 행해야 한다는 원칙을 가장 우선으로 삼았다. 이것은 성경의 교훈을 그대로 실천하는 일이었다.

너는 구제할 때에 오른손이 하는 것을 왼손이 모르게 하여 네 구제함을 은밀하게 하라 은밀한 중에 보시는 너의 아버지께서 갚으시리라 마 6:3-4

사람들에게 영광을 구하며 나팔을 부는 일은 하나님과 무관한 일로, 그 보상마저 잃어버리게 된다. 예수님 당시의 바리새인들은 사람들이 많이 모이는 회당과 거리에서 자신의 선행과 의를 자랑했다. 그리고 보이는 곳에서 소리 지르며 기도하기를 좋아했다. 그들은 사람의 칭찬과 상과 명예를 한 몸에 받았다. 그러나 그들은 어리석게도 참된 하늘의 상은 다 놓쳐 버렸다.

뮬러의 구제는 엄격하고도 은밀하게 진행되었다. 그 눈을 사람에게 맞추기를 거부하고 오직 하나님께만 두었다. 그는 구제의 일을 특별하게 생각하지 않고 주님이 뮬러 자신을 통해 하시는 당연한 일로 생각했다. 하나님은 이러한 뮬러의 은밀한 행위들을 특별히 귀히 여기시고 그 생활에 복을 주셨으며 쓸 것을 매일매일 채워 주셨다.

2. 구제의 공급자는 오직 하나님

두 번째로 뮬러는 사람을 의뢰해 얻은 것으로 고아들을 도운 것이 아니라, 오직 하나님 한분 앞에 나아가 기도의 호소를 통해서만 필요한 것을 공급받았다. 한번도 사람의 눈치를 보거나 기대하는 일을 용납하지 않았다. 그는 오직 하나님이 주신 풍성한 양식으로만 2천여 명의 고아들을 배불리 먹였다.

만일 그의 기도를 통한 하나님의 도움을 받지 않았다면 고아들은 단 하루도 살아갈 수 없었을 것이다. 그들의 배를 채우기 위해 뮬러는 계속 하나님께 도움을 요청해야만 했고, 그분의 응답을 통해서만 고아들을 도울 수 있었다.

세월이 흐르면서 고아원을 점점 더 확장해야만 했다. 늘어나는 고아들을 수용하기 위해 더 큰 건물을 신축할 수밖에 없었고 이에 따라 더 많은 경비가 필요했다. 도저히 뮬러의 힘으로는 불가능했다. 오직 하나님의 능력을 굳게 신뢰하며 1845년경부터 고아원 신축을 위해 기도하기 시작했다.

1년이 넘어 400일이 지나고 어느덧 1846년 겨울이 되었다. 뮬러는 어려운 시험 가운데서도 계속해서 인내하며 응답을 기다렸다. 하나님의 약속을 조금도 의심하지 않았다. 하나님께서 정하신 시간에 하나님께서 정하신 방법으로 도와주시리라 확신했다. 결국 고아원 건물 신축을 위해 6,304파운드가 들어왔다. 그 후로 점점 더 많은 도움을 받아 다음해 7월경 건축을 시작하게 되었다.

뮬러는 자신의 힘으로 고아들을 도운 것이 아니었다. 이 모든 것은 하나님께서 그분의 이름을 위해 베풀어주신 기적적인 응답을 통해 이루어졌다. 뮬러는 빈손으로 사역에 뛰어들었으나 하나님께서는 모든 것을 풍성하게 채워 주셨다. 뮬러는 오직 중심으로 하나님을 찬양하고 감사할 따름이었다.

3. 충실한 청지기의 삶

세 번째로 뮬러는 자신의 모든 소유가 다 하나님의 소유임을 알고 청지기의 삶을 충실히 살았다.

뮬러는 바울을 귀감으로 삼아 자신의 소유는 이 세상에 아무것도 없음을 항상 새기고 있었다. 그는 자신에게 들어온 물질이나 재산뿐만 아니라 몸과 마음, 재능과 지혜, 사랑과 꿈까지 모든 것을 다 하나님의 것으로 여기고 거기에 집착하는 일이 없었다. 철저히 하나님이 주인이심을 인식하고 잠시 맡아 일하는 청지기의 사명을 게을리 하지 않았다.

그는 모든 일에 깨끗했으며 탐심이 없었다. 하나님 앞에서, 그리고 자신의 양심 앞에서 떳떳한 삶을 살았다. 그는 진정 받기보다 주기를 좋아하는 삶에 너무나 익숙했다. 그 눈물겨운 헌신마저 사람들에게 나팔 불지 않고 마땅한 일로 여기며 청지기로서의 사명을 감당했다.

4. 주고 또 주라

네 번째로 뮬러는 "내가 얼마나 많은 것을 얻을 수 있는가보다 오히려 남에게 얼마나 줄 수 있는가?"에 관심을 쏟았다.

그는 십일조만 바친 것이 아니라 가장 기본적인 것을 구입하는 데 필요한 물질 외에는 모든 것을 다 바쳤다. 인간의 마음으로는 그렇게 하기가 불가능하나 하나님의 은혜를 깨닫고 기도함으로써 가능했다. 그는 적게 심는 자는 적게 거두고 많이 심는 자는 많이 거둔다는 성경의 원칙고후 9:6대로 하나님의 풍성한 손길을 체험했다.

어떤 그리스도인들은 십일조를 하나님께 드림으로 의무를 다한 것으로 생각한다. 물론 십일조도 제대로 드리지 못하는 사람보다는 좀더 나을 수도 있다. 하지만 자신을 바로 볼 필요가 있다.

만일 주님이 "네 수입의 몇 퍼센트가 그 나라와 그 의를 위해 지출되고 있느냐?"라고 물으신다면, 과연 뭐라 대답할 수 있는가?

또한 주님께서 이렇게 물으신다면 어떻게 대답하겠는가?

"나는 너를 위해 몸을 주었건만 너는 나를 위해 무엇을 하고 있느냐? 나는 너에게 모든 것을 다 내어 주었는데 너는 나에게 무엇을 주느냐?"

요한 웨슬리의 나눔

나누는 삶에 익숙했던 요한 웨슬리의 생애는 그리스도인들에게 귀감이 된다. 감리교의 창시자 요한 웨슬리는 열아홉 자녀 가운데 열다섯째로 출생해 어머니 수산나의 헌신적인 양육을 받았다. 그는 어린 시절부터 어머니에게 성경을 배우면서 하나님에 관한 많은 이야기를 들으며 성장했다. 그의 마음속에는 "자라서 하나님 나라와 이웃을 위해 선한 봉사를 하며 살리라!"는 강한 열망이 자리 잡았다.

어릴 적부터 항상 검소했던 그는 하나님 나라를 위해 스스로 가난하게 살았던 사람 중 한 사람이다.

한해 동안 웨슬리에게 들어온 물질이 30파운드 정도 되었다. 그는 그중 28파운드를 사용하고 2파운드는 다른 사람에게 주었다. 다음해에는 수입이 두 배로 늘었다. 그러나 그는 여전히 28파운드로 생활하고 나머지는 모두 가난한 사람들에게 나눠 주었다. 그 다음해는 수입이 90파운드가 되었다. 하지만 웨슬리가 쓴 돈은 여전히 28파운드였고 나머지는 가난한 사람들에게 주었다.

그는 평생 3만 파운드 이상을 가난한 사람들에게 나누어 주었으며,

자신을 위해 쓴 액수는 아주 적었다. 세무원이 그의 집을 방문했을 당시 그가 소유한 것이라고는 은수저와 은쟁반밖에 없었다고 한다.

주님의 약속은 놀라운 말씀들로 구성되어 있다.

"주라 그리하면 너희에게 줄 것이니 곧 후히 되어 누르고 흔들어 넘치도록 하여 너희에게 안겨 주리라" 눅 6:38.

"후히! 누르고! 흔들어! 넘치도록! 안겨 주리라!"

이 놀라운 약속은 나눔의 삶을 실천한 사람들만이 누릴 수 있는 특권이며 축복이다.

보물은 하늘에

뮬러는 미지의 공간 즉 하늘에 보물을 쌓아 두는 습관이 되어 있었다. 그것은 영원한 블루오션 영역이다. 땅에 쌓아 두는 보물은 쓸모 없는 것으로 여겼다. 그는 항상 주님의 말씀을 상기했다.

"너희를 위하여 보물을 땅에 쌓아 두지 말라 거기는 좀과 동록이 해하며 도둑이 구멍을 뚫고 도둑질하느니라" 마 6:19.

세상에는 도둑과 강도들이 많다. 귀중한 보석들이 하루아침에 없어져 버린다. 그런데도 사람들은 여전히 하늘에 보물을 쌓아 두는 일에는 무관심하다. 땅에 쌓이는 보물을 보고 마냥 즐거워한다.

하지만 주님은 달리 말씀하신다.

"오직 너희를 위하여 보물을 하늘에 쌓아 두라 거기는 좀이나 동록이 해하지 못하며 도둑이 구멍을 뚫지도 못하고 도둑질도 못하느니라 네 보물 있는 그곳에는 네 마음도 있느니라" 마 6:20-21.

히브리인들은 땅을 '아다마' 혹은 '에레츠'로 표현했다. 일반적인 땅을 말할 때는 '아다마'이지만, 절대적 가치와 의미를 부여한 특별한 땅을 호칭할 때에는 '에레츠'이다. 젖과 꿀이 흐르는 약속의 땅이 그 예이다. 하나님이 선택하신 땅, 하나님이 함께하시는 임재의 땅에 거했던 이스라엘 민족의 자긍심은 대단했다. 뮬러는 척박한 브리스톨 땅을 그렇게 보았으며 또한 미래에 주어질 하늘나라의 땅을 기대했다.

하나님이 우리를 위해 예비하신 나라는 가장 안전한 장소이다. 그곳에 기도로 저축하며 물질로 저축하고 또한 몸과 마음으로 헌신하며 봉사로 저축할 수 있다. 그 보고는 결코 모자라지 않는다. 그 창고는 어떠한 세력에 의해서도 점령당하지 않는다. 만왕의 왕, 만주의 주이신 하나님께서 친히 지키고 계시기 때문이다.

세상 은행은 이자가 매우 적다. 그러나 주님을 위해 헌신할 때 주님께서 하늘에 등재해 두신 보증된 이자는 엄청나다. 30배, 60배, 100배가 넘는 이자일 것이다. 하늘의 상급은 우리가 생각하는 것보다 훨씬 크다. 뮬러는 그 누구보다 하늘 은행을 잘 이용한 사람이었다.

선교와 구제의 사명

뮬러는 선교를 지상 최대의 과제로 여겼다. 모든 그리스도인들은 선교의 소명을 받았다고 확신했다. 만나는 사람들에게 그리스도의 복음을 호소력 있게 전할 뿐만 아니라 또한 선교하며 살도록 권했다. 아울러 구제도 당연히 해야 할 일로 여겼다.

어떤 이는 과거에 크게 구제했다고 자만한다. "나는 과거에 많이 했으니 이제 하지 않아도 괜찮아!" 이러한 태도는 하나님 앞에 바람직하지 않다. 뮬러는 액수의 많고 적음에 상관없이 나눔을 평생 지속했다.

눈을 들어보라! 오늘날 아프리카 등 세계 여러 지역에는 빵 한 조각이 없어 고통당하는 사람들이 얼마나 많은가? 놀라지 말라. 8억이 넘는다. 우리는 그들에 비해 얼마나 배부르게 살고 있는가!

조지 뮬러, 그는 자신이 소유한 모든 것을 하나님 나라와 이웃을 위해 바쳤다. 매일매일 나누고, 일생 동안 베풀면서 살았다.

"오 주님, 저로 하여금 많이 받는 삶이 아니라 많이 나누어 주는 삶이 되게 하소서!"

chapter 11

하나님의 때를 기다림

조지 뮬러, 그는 하나님이 정하신 때에
그분의 방법대로 이루어 주심을 확신했다.

기도할 때
하나님의 응답 시간과
하나님의 응답 방법을
바로 이해하지 못하는 사람은
가장 낙망하기 쉽다.

하나님의 때와 방법을 따름

사장死藏된 정원은 악취뿐 아름다운 향기를 풍기지 못한다. 하나님의 때와 하나님의 방법을 분변치 못하는 열정은 사장된 정원과 유사하다. 하나님이 기다리길 원하실 때 조용히 기다리는 법을 익혀야 한다. 그 기다림의 때에 그분은 소중한 비밀을 알려 주시고 깨달음을 주신다.

하나님은 서투른 정원사가 아니시다. 우주와 지구촌, 하늘과 땅과 바다를 만들고 통치하시는 우주적 정원사이시다. 그분은 서투른 설계자가 아니시다. 인생을 섬세하게 디자인하시는 스페셜 디자이너이시다.

뮬러는 기도하면서 항상 초점을 세상의 환경이나 자신에게 두지 아니하고, 오직 하나님의 때를 잘 기다렸다. 수은처럼 무거운 하나님의 고요 속에서도 마음이 흔들리지 않았고, 침묵의 심연 속에서도 순전히 하나님을 신뢰하며 때를 기다렸다. 그런 뮬러에게 풍성한 응답의 때가 예비되어 있었고, 그 은총이 펼쳐졌다.

뮬러의 기도 응답에 대해 간혹 오해하는 경우가 있다. 뮬러가 고아들을 위해 기도할 때 매일 하나님이 기적같이 응답해 주셨다는 것이다. 물론 그것은 사실이다. 하지만 뮬러의 모든 기도 응답이 일부 사람들이 생각하는 것처럼 그렇게 짧은 기간 안에 쉽게 혹은 단숨에 이루어진 것은 결코 아니었다. 뮬러의 생애를 자세히 연구해 보면, 오히려 오랜 시일이 지나서야 응답받게 된 경우가 더 많았다.

어떤 기도는 하루 만에 응답되었지만 어떤 기도는 한 달을 기다려야 했고, 또 어떤 기도는 64일, 수 개월, 수 년, 혹은 수십 년 이상을 기다린 후에야 비로소 응답의 열매를 맛보았다. 심지어 그가 죽은 후에 응답된 경우도 있었다.

기도 응답은 결코 하루아침에 이루어지지 않는다. 사람들이 생각하는 것처럼 하늘에서 뚝 떨어지지 않는다. 뮬러의 기도 응답에는 참된 믿음이 있었고, 간절한 눈물과 기다림이 있었다. 무엇보다도 하나님이 정하신 때를 기다리며 하나님을 의지했던 인내의 믿음이 있었다. 쉽게 낙망하고 포기할 만한 어려운 시기에도 의심하거나 좌절하기보다 오히려 하나님의 때를 기다리며 계속적인 기도와 믿음으로 지탱해 나갔다. 그 결과 하나님의 풍성한 응답의 은총을 누릴 수 있었다.

뮬러의 기도에 대한 자료들 가운데 몇 가지 간증이 있다.

11. 하나님의 때를 기다림

다시 1,000파운드가 채워지기를 간절히 기도드렸다. 오늘 저녁 5파운드를 받음으로 이제는 1,000파운드가 다 채워졌다! 나는 지난 18개월 10일 동안 이 기도 제목을 거의 매일 하나님 앞에 내어 놓았다. 처음 기도하기 시작했을 때부터 지금까지 나는 한번도 주님께서 그 돈을 채워 주시지 않으리라고 의심해 본 적이 없다.

_ 1837년 6월의 일기 중에서

나는 약 21개월 동안 믿음과 인내의 시련을 계속 겪어 왔다. 그러나 주님은 오늘 새 힘을 주셨다. 오늘 오후 E. C. S. 부인의 유산 일부인 1,427파운드 1실링 7페니가 주님의 사역을 위해 드려졌다. 이 돈은 3년 6개월 동안 아일랜드 형사법원에 유치되어 있었다. 그 동안 이 물질 문제의 해결을 위해 수많은 기도를 드려 왔는데 이제야 받게 된 것이다.

_ 1898년 3월 1일 친필로 기록한 메모 중에서

기도 응답은 나의 때에 좌우되는 것이 아니라 언제나 하나님 편에 달려 있다. 뮬러는 믿음으로 기도하며 하나님의 응답의 때까지 포기하지 않고 기다렸고, 하나님은 그분이 원하시는 때에 약속대로 응답해 주셨다. 하나님의 응답의 때는 환경을 초월한다. 최악의 환경일 때 응답이 오기도 했고, 반대로 좋은 환경일 때 응답이 오기도 했다. 또한 하나님의 응답의 때는 사람들의 말이나 생각에 의해 좌우되지 않는다.

하나님은 언제나 자녀들이 믿음을 잃어버리지 않고, 계속 기도하며 응답의 때까지 기다릴 것을 원하신다.

하나님은 우리가 기도한 것들에 대해 그분의 때에 응답해 주실 만한 충분한 이유들을 가지고 계신다. 응답을 받은 후에는 그 사실을 알게 되어 더 이상 하나님께 "왜 이렇게 늦게 응답해 주셨습니까?"라는 질문을 하지 않아도 된다.

그리스도인들은 종종 응답의 때를 내 소원과 계획에 맞추려는 실수를 범하곤 한다. 하지만 모든 때와 방법은 주인이신 하나님의 손에 달렸다. 뮬러는 일찍이 그것을 터득하고 있었다.

응답의 때

뮬러가 섬겼던 하나님은 어떤 분이신가? 무엇보다도 그분은 약속 시간을 정직하게 지키시는 분이었다. 그분이 약속을 일방적으로 파기하신 일은 결코 없으셨다. 뮬러의 시대만 아니라 창세 이래 단 한번도 그런 적이 없었다는 사실에 주목할 필요가 있다. 뮬러는 '하나님의 때'에 대해 상당한 관심과 믿음을 가지고 있었다. 그것은 기도 생활에 큰 힘이 되었고, 주위 환경 등 모든 역경들을 잘 극복할 수 있는 요인으로 작용했다. 그는 가장 어려운 시기에 가장 적절하게 응답해 주시는 그분의 손길에 매력을 느꼈고, 그분의 풍성한 응답과 더불어 그분의 신실하심에 더욱 감사할 수밖에 없었다. 그렇게 뮬러는 하나님과 계속 거룩한 호흡을 했다.

어떤 사람이 기도 제목을 가지고 열심히 기도드리기 시작했다. 그는 하나님께서 그 소원을 40일 만에 이루어 주시기를 바라며 지극 정성으로 매일 간절히 구했다. 그런데 30일이 되어도 아무 응답이 없었다. 남은 열흘 동안 더욱 열심히 기도했다. 그렇게도 응답을 바라며 기도했지만 40일이 되어도 여전히 응답이 없었다.

왜일까? 거기엔 분명한 이유가 있었다. 그것은 하나님의 응답의 때가 오지 않았기 때문이었다. 그는 비록 40일의 간절한 기도에 응답을 받지 못했지만 그 후 다시 믿음과 용기를 잃지 않고 꾸준히 기도해 마침내 하나님의 응답을 받을 수 있었다. 기도를 시작한 지 거의 1년 가까이 지나서였다.

이처럼 기도 응답은 하나님의 주권적인 영역에 속해 있다. 그리스도인들이 할 일은 하나님의 응답의 때까지 낙망하지 않고 꾸준히 간구하며 기다리는 일이다. 하나님은 창세 이래 약속을 한번도 어긴 적이 없으신 신실한 분이시다! 그분은 그리스도인의 기도에 대해 분명한 열쇠를 가지고 응답을 주시는 분이다. 모든 사람이 보기에 불가능한 것처럼 보여도 하나님께는 능히 가능하다.

중요한 것은 이것이다. "나 자신이 하나님 편에 들어와 있는가? 참으로 하나님의 약속을 붙들고 있는가? 진정한 믿음으로 간구하는가? 참으로 인내하며 하나님의 응답의 때를 기다릴 수 있는가? 하나님의 정원인 심령을 거룩하고 아름답게 만들어가고 있는가?" 이러한 것들에 의해 기도의 승패가 좌우될 것이다.

하나님은 뮬러에게 기도 응답을 제공해 주실 때에도 결코 뮬러가 원하는 시간이 아닌 하나님이 원하시는 시간에 응답해 주셨다. 뮬러가 고아원 사역을 시작한 지 10여 년쯤 되었을 당시 이렇게 고백했다.

고아원을 새로 건축하기 위해 하나님의 도움을 요청한 지 400일이 지났다. 하지만 그분은 여태껏 내 믿음과 인내를 시험하셨다. 주님은 "아직도 내 때가 오지 않았다."고 말씀하시는 것 같았다. 그러나 주님은 나를 계속해서 붙들어 주시며 계속 그분의 응답을 기다리도록 하셨다. 내 믿음은 주님의 은혜로 조금도 흔들리지 않았다. 나는 이 사역에 필요한 모든 것을 주님께서 정하신 시간에 다 주실 것으로 확신한다. 언제 어떤 방법으로 도와주실지는 알 수 없다. 하지만 하나님께서 그분이 정하신 때에 그분이 정하신 방법으로 반드시 나를 도와주시리라 믿는다.

사도 베드로는 이렇게 권유했다. "사랑하는 자들아 주께는 하루가 천 년 같고 천 년이 하루 같다는 이 한 가지를 잊지 말라"벧후 3:8.

하나님은 약속하신 것은 반드시 응답하시는 분이시다. 단지 그 응답의 때에 대해서는 하나님의 주권에 철저히 맡겨야 한다.

하나님의 뜻대로 인도하심

뮬러는 성급한 판단을 내리지 않았다. 속히 응답되지 않을 때에도 하나님의 인도하심을 바라며 굳게 신뢰했다. 하나님은 사람의 생각대로가 아니라 그분의 놀라운 뜻대로 인도하신다.

그리스도인의 기도 생활 가운데 가장 유혹받기 쉬운 부분은 바로 이런 생각이다. '하나님은 네 기도에 아무 반응이 없으시다. 지극히 거룩하신 하나님이 어찌 너같이 초라한 죄인의 기도를 들어주시겠는가?' 이러한 의심은 마귀가 주는 것으로 기도 생활에 장애물로 작용한다. 이것을 믿음으로 추방해야 한다.

뮬러는 대제사장 되시는 예수 그리스도가 자신 안에 계심을 굳게 믿었다. 그분은 인간의 더러움과 연약함을 잘 아시는 분이었다. 특히 그리스도인들의 기도에 대해 상당한 관심을 가지시고 약속을 이행하시는 분이다. 뮬러는 이러한 주님의 기도 부탁을 놓치지 않았다.

"너희가 내 이름으로 무엇을 구하든지 내가 행하리니 이는 아버지로 하여금 아들로 말미암아 영광을 받으시게 하려 함이라" 요 14:13.

뮬러는 자신의 의를 갖고서는 하나님 앞에 나아갈 자격이 전혀 없는 자임을 깨닫고 오직 십자가를 바라보았다. 더구나 자신의 이름이 아닌 오직 예수 그리스도의 이름을 가지고 하나님께 나아갔다.

뮬러는 하나님의 때를 잘 기다릴 뿐만 아니라 하나님의 방법을 존중했다. 자신의 믿음을 말씀 안에서 우아하고 아름답게 제조하고 그 우아한 믿음을 유지했다. 하나님의 뜻을 잘 읽어 나간 덕분에 의심하거나 낙망하는 자리에 빠지는 것을 미리 방지할 수 있었다. 그는 하나님의 뜻 안에 깊숙이 들어가서 기도하는 일을 습관화했다. 거기서 하나님의 약속과 응답을 더욱 확신하며 믿음을 세워갈 수 있었다.

뮬러는 자신의 의지를 하나님의 뜻 위에 온전히 올려 놓았다. 곧 하나님이 계획하시고 약속하신 모든 것들을 기꺼이 받아들였다. 그렇게 드린 기도는 불안을 물리쳤고, 더욱 주를 의지하게 하는 큰 힘이 되었다.

하나님은 우리의 허물과 실수에도 불구하고 그분의 섭리대로 우리를 이끌어 더 나은 방향으로 인도해 주신다. 그분은 비록 약점이 많은 그리스도인일지라도 그분의 방법대로 새롭게 변화시키실 수 있다. 그분의 거룩한 능력을 가지고 우아한 모습으로 바꾸신다. 하나님은 그리스도인에게 닥치는 불행조차도 창조적인 축복의 사건으로 역전시키시기에 능하시다. 모든 일에 대해 합력하여 선을 이루게 하신다 롬 8:28. 예수 믿는 사람들을 잡아 넘기던 살기등등한 바울도 주님의 선한 뜻대로 인도해 사용해 주셨듯이 오늘날도 우리를 그렇게 인도하신다.

뮬러는 일을 계획하고 정할 때에 그 길을 인도하시는 분은 오직 하나님 한분뿐이심을 명심했다. 그러한 자세는 성경을 읽고 묵상하는 가운데서 얻은 것이다. 다음 구절들은 뮬러가 고아원 운영에 있어 오직 하나님 아버지 한분만을 주권자로 바라보고 신뢰하게 한 구절들이다.

> 사람이 마음으로 자기의 길을 계획할지라도 그의 걸음을 인도하시는 이는 여호와시니라 잠 16:9

> 사람의 마음에는 많은 계획이 있어도 오직 여호와의 뜻이 완전히 서리라 잠 19:21

> 마음의 경영은 사람에게 있어도 말의 응답은 여호와께로부터 나오느니라 잠 16:1

모든 일에 주권자이신 하나님의 마음을 읽었던 뮬러, 그는 하나님의 도우심으로 고아원을 훌륭하게 경영할 수 있었다.

하나님의 마음을 볼 줄 아는 눈, 하나님의 음성을 분별할 수 있는 귀, 하나님의 인도하심에 민감한 심령, 하나님의 마음속에 붙잡힌 바 된 온전한 신앙을 소유하는 일은 대단히 중요하다. 이것은 말씀을 묵상하며 기도에 익숙해질 때 가능하다.

하나님의 오묘하신 섭리는 뮬러의 삶 전반에 걸쳐 있었다. 그 섭리를 알았던 뮬러는 가난과 전염병의 폭풍이 휘몰아치는 절망의 땅에서 하나님으로부터 에너지를 공급받으며 시련들을 이겨나갈 수 있었다.

환난 중에 임하는 응답

하나님께서 기도에 응답하시는 방법은 한 가지가 아니다. 그분은 다양한 방법으로 응답하신다. 뮬러가 받은 기도 응답도 너무도 다양했다. 어떤 이에겐 건강을 주시고, 어떤 이에겐 풍성한 물질을 주신다. 또 어떤 이에겐 영적 희락을 주시고, 어떤 이에겐 멋진 꿈을 이루게 하신다. 하나님은 가장 필요한 부분들을 해결해 주시고 공급하신다.

기도에 충실했던 뮬러에게도 환난은 존재했다. 하지만 뮬러는 그 환난이 하나님의 주권 속에 포함된 것으로 여겼고, 결국 유익한 결과를 얻으리라 확신했다.

바울은 아시아에서 살 소망마저 끊어질 정도로 극심한 환난 속에서 고통당했다. 그것은 말씀에 불순종해서가 아니다. 비밀스러운 죄가 있어서도 아니다. 사경의 순간에 다시 부활의 능력을 의지하도록 인도하시기 위함이었다. 영적 보화의 질을 상승시키기 위한 연마의 도장이었던 것이다. 그는 이렇게 고백했다. "우리는 우리 자신이 사형 선고를 받은 줄 알았으니 이는 우리로 자기를 의지하지 말고 오직 죽은 자를 다시 살리시는 하나님만 의지하게 하심이라"고후 1:9.

우리에게도 환난의 바람은 불어올 수 있다. 그러나 그 연단의 시기를 지나면 은혜와 위로의 때가 찾아온다.

한 성도가 하나님 앞에 간절히 기도드렸다. 달이 지나고 해가 바뀌어 무려 5년이라는 세월이 흘렀다. 하지만 여전히 아무런 응답이 없었다. 그럼에도 불구하고 그는 포기하지 않고 하나님의 때를 기다리면서 이렇게 고백했다. "주님, 지난 5년 동안 응답해 주시지 않은 것을 감사드립니다. 하나님은 항상 저에게 무엇이 가장 좋은 것인지 알고 계십니다. 더 좋은 응답을 기대합니다!" 이 성도를 지켜본 주위 사람들은 그가 응답을 못 받은 것으로 생각했다. 하지만 하나님께서는 훗날 그에게 더욱 값진 것으로 응답해 주셨다!

마리아와 마르다가 사랑하는 오빠를 병으로 잃었다요 11장. 주님은 나사로의 위급한 상황을 아시면서도 지체하셨다. 마르다는 주님의 지체 때문에 오빠를 살리지 못한 것으로 이해하고 못내 아쉬워하며 주님께 하소연했다. 하지만 주님은 인간이 보기에 가장 절망적이었을 때, 즉 너무 늦었다고 판단했을 바로 그때에 친히 무덤에 가서서 죽은

지 나흘 된 나사로를 부활시키심으로써 오히려 더 큰 영광을 드러내셨다.

이처럼 하나님의 응답의 때와 방법은 다양하다. 하나님은 다양한 사람에게 다양한 방법으로 다양한 때에 응답하신다. 신실하신 그분은 오늘도 우리를 실망시키지 않으시고 그분의 때에 가장 좋은 것으로 응답해 주신다. 밤을 견뎌내고 모진 풍파를 맞으며 장고의 시간을 인내해 활짝 피는 들꽃처럼, 하나님의 때까지 신뢰하며 의연하게 기다릴 줄 아는 하나님의 자녀가 되어야 하리라.

때를 기다린 대가

나는 수 개월 동안 주님께서 그분이 정하신 시간에 이 일에 대해 필요한 액수의 충분한 돈을 주시리라고 확신해 왔다. 마침내 하나님께서는 내 간절한 기도에 응답하셨다. 나는 일부 그리스도인들에게서 8,100파운드의 기부금을 약속받았다. 하나님을 믿으며 기다리는 일이 얼마나 소중한 일인가를 분명하게 보여 준 일이었다! 하나님을 믿고 순종하는 사람들은 결코 낙망하지 않는다는 것을 이 얼마나 분명하게 보여 주는가! 우리의 믿음과 인내가 시험을 받는다 할지라도 하나님을 영화롭게 하면 마침내 부끄러움을 당하지 않을 것이다!

_ 1853년 초순 일기 중에서

세상은 변화무쌍해도 하나님은 변치 않으신다. 바로 여기에 소망이 있다. 사람의 응답은 끊어져도 하나님의 응답은 계속된다는 것은 대단히 희망적이다. 그분을 의지하는 백성들을 그분의 약속대로 항상 돌보실 것이기 때문이다.

'낙심'은 기도 응답의 장애물 중 하나이다. 혹시 기도하다가 부정적인 사람의 소리나 장애물이 나타날 때 쉽게 기도를 그만두는 경우는 없는가? 오히려 그럴 때는 기도에 더욱 분발할 때임을 감지하자. 어려운 시기에 하나님은 더욱 우리를 가까이해 주시고 우리 편이 되어 주신다. 하나님이 응답하시는 그때를 바라보며 믿음으로 기다리면서 간절히 기도하는 일이 얼마나 소중한지!

만일 하나님께서 우리가 생각하고 우리가 원하는 시간에 다 응답하신다면, 하나님은 인간의 하수인으로 전락할 것이다. 하지만 하나님은 우리의 하수인이 아니라 만주의 주이시다!

성경은 하나님의 주권을 분명히 강조하고 있다. "여호와는 죽이기도 하시고 살리기도 하시며 스올에 내리게도 하시고 거기에서 올리기도 하시는도다 여호와는 가난하게도 하시고 부하게도 하시며 낮추기도 하시고 높이기도 하시는도다" 삼상 2:6-7.

그러한 주권과 능력을 소유하신 만물의 주 하나님이 연약한 우리의 기도에 주목하시고 다가오신다는 것은 놀라운 배려요 사랑이다.

이스라엘 백성들은 오랫동안 하나님께서 약속하신 땅을 기다려 왔다. 그 약속의 땅은 지리적으로 비옥한 초생달 지역의 중심부가 아닌 외곽지역이지만, 흑해, 카스피해, 지중해, 홍해, 페르시아만의 5개 바다의 천혜 망으로 둘러싸여 있다. 그 땅은 과연 하나님의 때에 주어졌고 그 가치도 상승되었다. 하나님이 보여 주시고 임재하시는 때가 회복의 때이고 응답의 때이며 치유의 때이다.

뮬러가 분명히 확신했던 한 가지 사실은, 자신이 기도할 때에 하나님은 하나님의 시간에 하나님의 방법으로 분명히 응답하신다는 것이다. 그는 1857년 11월에 기록한 일기에서 이렇게 고백했다.

<blockquote>
나는 오늘 400명의 새 고아들을 수용할 새 고아원을 개원했다. 이것은 내게 굉장히 귀중한 일이다. 7년 동안 매일 기도드린 후에 얻은 것이기 때문이다! 이 축복은 결코 우연히 찾아온 것이 아니라 온전한 믿음을 가지고 오직 하나님의 때를 기다려 온 결과이다!
</blockquote>

chapter 12
평온을 확인하고 유지함

조지 뮬러, 그는 모든 생활에서 항상 평온을 확인하고 유지했다.

내가 계획하고 행하는
모든 일 가운데
과연 주님이 주시는
참된 평강이 있는지
확인해 보라.

항상 평온*을 유지함

뮬러의 기도의 특징은 항상 평온이 임하도록 지속적으로 기도하는 것과 기도 중에 항상 평온을 유지하는 것이다. 그리고 모든 일을 평안을 가지고 시작하며 진행하는 것이다. 그의 기도의 삶은 불신이나 불안을 철저히 배제했다. 이러한 평온은 하나님이 항상 함께하신다는 사실과 기도 응답에 대한 분명한 믿음을 가짐으로써 생겨난 신앙의 결과였다.

야고보 사도는 "두 마음을 품은 자"는 마음에 정함이 없는 자라고 경고했다. 일을 추진하면서 불안한가? 그렇다면 그 일에는 무엇인가

---

* 여기서 사용된 '평온'은 '안일' 혹은 '나태함'의 의미와는 다른 것으로, 평안, 내적 평강, 평화의 뜻이다. 영적 안식을 의미하는 단어로 이해할 수 있다. 단, 경제적 부나 정치적 안정으로 누리는 세상적 '안락' 혹은 '태평'과는 구별된다.

잘못되었거나 부족한 점이 있다. 성령께 이끌림받는 삶이라면 성령의 위로와 인도 가운데 평온한 심령을 유지할 것이기 때문이다.

뮬러는 사역 중에 많은 어려움을 만났다. 그러나 그는 항상 평온을 유지했다. 그는 평온이 없을 때는 함부로 일을 시작하지 않았다고 한다. 고아원 확장도 먼저 기도한 후 평온이 임하고서야 결정했다. 불안할 때는 많은 적든 기부금도 받지 않았다. 모든 일을 주님의 평안 가운데 진행했다. 수많은 어려움이 앞을 가로막았으나 주님의 평강이 그의 심령을 지배할 때 잘 해결되었다. 그는 이렇게 기록했다.

"그 동안 우리는 그전처럼 내적으로 평온했고 모든 것이 하나님의 뜻이라는 것을 확신했다. 장차 1892년 5월 26일부터 1893년 5월 26일까지 하나님께서 어떻게 우리를 잘 채워 주셨는지 그 기록을 읽게 될 수천 명의 고아들을 위해 축복을 준비하고 계신다는 사실을 믿었다."

어느 날 아주 고통스러운 일이 일어났다. 뮬러에게서 충분히 평온을 빼앗아갈 만한 일이었다. 다름이 아닌 뮬러의 하나밖에 없는 딸 루디아가 악성 장티푸스에 걸려 죽음의 문턱에 이르렀던 것이다. 뮬러 부부는 자식을 잃을지도 모를 위급한 상황에 직면하면서 더욱 하나님께 매달렸다. 순간 놀라운 평강이 임하기 시작했다. 그의 기도는 불안을 추방하는 능력이 되었으며, 오히려 그 사건이 하나님을 더욱 의지하는 기회가 되었다. 뮬러가 간절히 기도하는 동안, 딸이 죽게 된다는 두려움과 절망감이 뮬러 부부를 사로잡을 수 없었던 것이다. 결국 딸의 의식이 점점 돌아왔고 생기도 돌아왔다. 이 사건으로 뮬러는 하나님의 인자하심과 선하심을 더욱 깊이 체험했으며, 특별한 평강을 얻었다고 고백했다.

불안한 사건이 터졌을 때 기도의 무기만이 진정한 평온을 가져올 수 있다. 뮬러는 예수 그리스도께서 주시는 평온을 얻기 위해 자주 말씀을 묵상하며 기도했다. 그 약속 말씀과 성령을 통한 기도는 평온을 유지하는 데 상당한 도움이 되었다. 그리스도는 평온의 원천이요, 안정감의 원천이시다.

> 평안을 너희에게 끼치노니 곧 나의 평안을 너희에게 주노라 내가 너희에게 주는 것은 세상이 주는 것과 같지 아니하니라 너희는 마음에 근심하지도 말고 두려워하지도 말라 요 14:27

평온을 강화시켜 주는 요소

뮬러가 평온을 유지할 수 있었던 비결은 무엇이었을까? 몇 가지 요소들은 기억할 만하다.

하나님을 100% 신뢰함으로써 평온을 유지했다. 만일 하나님에 대한 신뢰가 불충분하다면 내적 불안 요소가 발생했을 것이다. 불신으로 점철된 삶은 축복이 될 수 없다. 불안은 믿음이 없거나 부족할 때 나타나는 현상이다. 하지만 뮬러는 하나님을 신뢰하되 하나님의 약속을 온전히 신뢰했기 때문에 마음 중심에 불안이 들어올 수 없었다. 마음과 몸을 전폭적으로 드림으로써 모든 근심에서 해방되었던 것이다.

삶에서 죄를 철저히 제거함으로써 평온을 유지했다. 뮬러는 자주 십자가 아래 나아가 자신의 모습을 들여다보곤 했다. 혹 마음에라도 죄의 모습이 있을 때 즉시 주님 앞에 나아가 죄를 고백함으로써 참된 평온을 누릴 수 있었다.

하나님을 더욱 사랑함으로써 평온을 유지했다. 두려움이나 불안은 하나님을 온전히 사랑하지 못한 데서 일어나는 현상이다. 우리가 진정 하나님을 사랑하고 또한 하나님의 사랑이 우리 안에 거한다면 모든 두려움은 사라질 것이다. 하나님을 신뢰하며 사랑하는 마음이 두려움의 침투를 막는 최상의 길이다.

"사랑 안에 두려움이 없고 온전한 사랑이 두려움을 내쫓나니 두려움에는 형벌이 있음이라" 요일 4:18.

다윗의 고백을 간직하자.

"나의 힘이신 여호와여 내가 주를 사랑하나이다" 시 18:1.

뮬러가 하나님을 사랑하고 신뢰할 때 좋은 일들이 일어났다. 하나님의 풍성한 기적들을 볼 수 있었다. 이렇게 기도드리자.

"오 주여, 하나님을 더욱 사랑하게 하소서! 하나님의 사랑을 날마다 체험하게 하소서! 그 사랑을 가지고 살게 하소서!"

환경이나 사람들의 눈보다 오직 주님께 마음을 고정시켜 평온을 유지했다. 뮬러는 언제나 능력의 주님께 마음을 집중했다. 그의 영적 동공은 하나님을 향해 선명하게 초점이 맞추어져 있었다. 휘몰아치는 고뇌의 물결 속에서도 지그시 주님을 응시하는 동안 위로부터 내려 주시는 평온을 공급받았다.

뮬러도 인간인지라 몸이 허약할 때가 있었으며, 당장 내일 먹을 양식이 없는 위급한 상황을 맞을 때도 있었다. 또한 계획한 일이 속히 이루어지지 않을 때도 있었다. 그럼에도 불구하고 뮬러는 마음과 눈을 만물의 주인이신 주님께 고정시켜 기도함으로써 평온을 유지했다. 가파른 능선에서도 천상의 대로를 발견하고 나아갔던 것이다.

하나님 말씀을 묵상하며 기도에 전념함으로써 평온을 유지했다. 하나님 말씀은 말씀 그 자체가 중요성을 주지시키고 있다. "주의 말씀은 내 발에 등이요 내 길에 빛이니이다"시 119:105. 곧 우리의 생명을 밝혀 주는 등불이며 영양분이 된다는 뜻이다.

뮬러는 그 말씀을 매일 먹으며 인도를 받았다. 하나님의 생명의 말씀을 먹는 동안 마음의 화선지에 생명수의 그림이 새겨지며, 세상을 이기는 진정한 힘과 평강의 길이 열렸다. 뒤에서 검을 들고 달려오는 말발굽 소리에도 여전히 신앙의 심연은 요동치 않는다. 하나님은 거대한 홍해조차도 능히 기적의 길로 만드실 수 있기 때문이다.

뮬러의 마음 정원에는 위로부터 영혼 깊은 곳에 부어 주시는 주님의 진한 향이 가득했다. 그 향기는 세상 어떤 향과도 비교할 수 없는 은은함과 평온함이 깃들여 있다. 뮬러는 황량한 땅과 거센 포구의 끝자락에서도 흔들림 없이 하나님을 향한 좌표를 견고히 유지했다.

이제 우리도 이상 5가지 요소들을 적용함으로써 주님의 놀라운 평온을 계속 유지할 수 있다. 특히 평강의 주님을 주인으로 모시고 위기의 순간마다 주님이 주시는 평온을 잘 접목시킨 뮬러의 삶은 모두가 본받아야 할 중요한 교훈이다. 세상의 물질이 주는 일시적 불꽃 기쁨은 대단해 보이지만 금방 사라져 버린다. 반면에 아침이슬 같은 주님의 은혜가 우리의 심령을 휘감고 영혼 깊은 곳에 새겨질 때 그 평온과 희락은 형용할 수 없다!

평온에 대한 점검

다음 질문들을 통해 자주 자신을 점검해 볼 필요가 있다.

내 생활에 진정한 평온이 있는가?
내 기도에 주님의 평온이 있는가?
내 생각과 계획 속에 주님의 평온이 있는가?
내 일의 시작에 주님의 평온이 있는가?
내 일의 진행에 주님의 평온이 있는가?
내 가정에 주님의 평온이 임재해 있는가?

내 목표에 주님의 평온이 포함되었는가?
내 여행에 주님의 평온이 포함되었는가?
내 사업에 주님의 평온이 있는가?
내 취미 생활에 주님의 평온이 있는가?
내 교제에 주님의 평온이 있는가?
내 발걸음 속에 주님의 평온이 임재해 있는가?
내 자녀들이 주님의 평온을 가지고 생활하는가?
내 자녀들이 주님의 평온을 가지고 공부하는가?

그것은 주님께서 말씀과 성령을 통해 주시는 참된 평온인가, 아니면 세상이 주는 일시적 기분인가? 곧 성령께서 주시는 진정한 평온인가, 아니면 내 욕심에 의한 순간적 기분인가? 이것을 잘 분별해 말씀 묵상과 성령 안에서의 기도가 절대적으로 필요하다.

기도 생활을 통한 평온

뮬러의 생활에 평온이 지속되기까지는 무엇보다도 정성스런 기도 생활이 있었다. 주님과 교제가 끊어지지 않고 이어졌을 때 주님이 주시는 평온은 계속되었다. 뮬러는 기도할 때마다 하나님의 평온이 임하는 것을 체험했다. 그 평온은 위급한 상황에서도 근심의 먹구름이 사라지게 하는 평온이었으며, 두려움의 쇠사슬에서 완전히 벗어나게 하는 평온이었다. 기도를 통해 심령은 정돈되었고, 자신이 목표했던 많은 부분들을 위로부터 공급받는 힘이 되었다.

　세상은 마인드컨트롤과 텔레파시로 마음을 진정시킬 수 있다고 말한다. 하지만 진정한 평화는 체면이나 텔레포테이션teleportation 혹은 교류분석법이나 심리적인 '목표 리허설goal-rehearsal'을 통해 얻는 것이 아니다. 주님과의 친밀한 교제, 거룩한 동행을 통해 얻는 평온이다.

　그리스도께서 주시는 평화는 능히 지난날 겪었던 아픔의 상처들을 치료해 주고 현재의 슬픔을 극복하게 해주며 미래에 대한 두려움을 말끔히 없애 주는 평온이다. 뮬러가 무릎 꿇고 기도하는 동안 하나님의 평화가 뮬러의 마음속으로 흘러들었고, 그 평화는 고아들에게 전달되었다. 성 프란체스코의 기도가 절실히 필요한 때가 있다.

　"주여! 저를 평화의 도구로 사용해 주소서!"

말씀을 붙드는 기도

　뮬러는 말씀을 붙들고 기도함으로써 문제와 장애물들을 평온 가운데 해결할 수 있었다. 성경 말씀은 평온을 잃은 사람들의 상처난 삶에 치유와 용기를 공급한다. 특별히 성경에 근거한 기도의 손은 어린아이들도 사용할 수 있다. 말씀 안에서 드리는 기도는 하나도 땅에 떨어지는 법이 없다. 하나님이 그 열매를 반드시 보여 주시기 때문이다.

　아무것도 염려하지 말고 다만 모든 일에 기도와 간구로, 너희 구할 것을 감사함으로 하나님께 아뢰라 그리하면 모든 지각에 뛰어난 하나님

의 평강이 그리스도 예수 안에서 너희 마음과 생각을 지키시리라 빌 4:6-7

뮬러는 작은 불안이든 큰 불안이든 걱정거리가 생기면 즉시 하나님께 나아가 아룀으로 진정한 평온을 얻을 수 있었다. 더욱이 말씀을 붙잡으면 효과는 훨씬 커진다. 우리도 말씀을 붙잡고 기도하는 법을 훈련하자.

■ 물질이 부족해 걱정될 때!
나의 하나님이 그리스도 예수 안에서 영광 가운데 그 풍성한 대로 너희 모든 쓸 것을 채우시리라 빌 4:19

■ 믿음이 부족해 걱정될 때!
너희는 마음에 근심하지 말라 하나님을 믿으니 또 나를 믿으라 요 14:1
내가 믿나이다 나의 믿음 없는 것을 도와주소서 막 9:24

■ 모든 일에 자신감이 없을 때!
할 수 있거든이 무슨 말이냐 믿는 자에게는 능히 하지 못할 일이 없느니라 막 9:23

■ 교만한 마음이 일어날 때!
하나님은 교만한 자를 대적하시되 겸손한 자들에게는 은혜를 주시느니라 그러므로 하나님의 능하신 손 아래에서 겸손하라 때가 되면 너희를 높이시리라 벧전 5:5-6

- 고난을 견디기 힘들어 괴로울 때!

    사랑하는 자들아……오히려 너희가 그리스도의 고난에 참여하는 것으로 즐거워하라 이는 그의 영광을 나타내실 때에 너희로 즐거워하고 기뻐하게 하려 함이라 벧전 4:12-13

- 용기를 잃고 좌절했을 때!

    내게 능력 주시는 자 안에서 내가 모든 것을 할 수 있느니라 빌 4:13

- 두려움이 생길 때!

    하나님이 우리에게 주신 것은 두려워하는 마음이 아니요 오직 능력과 사랑과 절제하는 마음이니 딤후 1:7

- 돈의 욕심과 유혹 앞에 불안할 때!

    부하려 하는 자들은 시험과 올무와 여러 가지 어리석고 해로운 욕심에 떨어지나니 곧 사람으로 파멸과 멸망에 빠지게 하는 것이라 돈을 사랑함이 일만 악의 뿌리가 되나니 이것을 탐내는 자들은 미혹을 받아 믿음에서 떠나 많은 근심으로써 자기를 찔렀도다 딤전 6:9-10

- 원망과 불평이 일어날 때!

    범사에 감사하라 이것이 그리스도 예수 안에서 너희를 향하신 하나님의 뜻이니라 살전 5:18

- 기도의 문이 열리지 않아 고민될 때!

    이와 같이 성령도 우리의 연약함을 도우시나니 우리는 마땅히 기도할 바를 알지 못하나 오직 성령이 말할 수 없는 탄식으로 우리를 위하여 친

히 간구하시느니라 롬 8:26

- **죄의식으로 불안할 때!**

  그러므로 이제 그리스도 예수 안에 있는 자에게는 결코 정죄함이 없나니 이는 그리스도 예수 안에 있는 생명의 성령의 법이 죄와 사망의 법에서 너를 해방하였음이라 롬 8:1-2

- **믿음을 갖고 싶을 때!**

  그러므로 믿음은 들음에서 나며 들음은 그리스도의 말씀으로 말미암았느니라 롬 10:17

  우리에게 믿음을 더하소서 눅 17:5

- **질병으로 큰 고통을 당할 때!**

  우리의 연약한 것을 친히 담당하시고 병을 짊어지셨도다 마 8:17

  그가 찔림은 우리의 허물 때문이요 그가 상함은 우리의 죄악 때문이라 그가 징계를 받으므로 우리는 평화를 누리고 그가 채찍에 맞으므로 우리는 나음을 받았도다 사 53:5

  그가 그의 말씀을 보내어 그들을 고치시고 위험한 지경에서 건지시는도다 시 107:20

이밖에도 여러 가지 어려움에 처할 때마다 하나님의 약속의 말씀을 찾아 붙들고 기도하라.

슬픔을 극복하는 평강

뮬러의 생애 가운데 가장 큰 슬픔 중 하나는 아내의 죽음이었다. 그런데도 그는 기도 모임에서 어느 때와 마찬가지로 환한 얼굴로 이렇게 말했다. "사랑하는 형제 자매들이여, 여러분에게 한 가지 청하고 싶은 것이 있습니다. 하나님께서 사랑하는 제 아내를 모든 고통에서 건져 내어 그분 품으로 데려가셨습니다. 그 인자하심을 여러분과 함께 진심으로 찬양하고 감사하기를 원합니다. 그녀가 여기서 누리는 어떠한 것들보다도 더 사랑하고 갈망했던 주님을 바라보면서 훨씬 큰 기쁨을 누리고 있다는 사실을 생각할 때 저는 너무나 기쁩니다!"

뮬러 부인의 시신이 안장될 때 1,200명의 고아들이 지켜보았다. 뮬러가 친히 장례식 설교를 맡았는데, 뮬러의 건강을 보살핀 의사가 뮬러의 초자연적 평강을 보고 친구에게 이렇게 말했다.

"나는 그렇게 초인간적인 사람은 아직 본 적이 없어!"

뮬러, 그의 아름다운 삶의 발자취는 평강으로 가득 찼다. 그는 가장 위급하고 어려운 상황에서도 기도로 평온을 누린 사람이었다. 그 요인은 바로 하나님의 말씀이었다. 그는 이렇게 고백했다.

"여러 차례 근심 걱정으로 정신을 잃을 뻔한 경우에도 능히 이길 수 있었던 것은 내 영혼이 로마서 8:28의 약속을 믿었기 때문이다."

> 우리가 알거니와 하나님을 사랑하는 자 곧 그의 뜻대로 부르심을 입은 자들에게는 모든 것이 합력하여 선을 이루느니라

chapter 13

성령을 사모하고 의지함

조지 뮬러, 그는 매사에
성령을 갈급히 사모하며 유일한 인도자로 의지했다.

성령을 굳게 의지하는 생활
즉 성령의 지배를 받는 생활은
진정한 그리스도인의 삶으로
결코 세상과 마귀에게
지배당하지 않는다.

성령의 도우심

뮬러는 과연 누구의 도움을 받아 고아원 사역을 감당했는가? 뮬러는 1858년 일기에 이렇게 고백하고 있다.

지난 22년간 하나님의 성령이 고아들 가운데서 일하고 계셨다. 그래서 많은 아이들이 주님을 알게 되었다. 지난 한해만큼 그렇게 위대한 일들이 벌어진 적이 없었다!

그 다음해에는 다시 이렇게 고백했다.

지난 한해만큼 하나님의 성령이 고아들 가운데서 그토록 위대하고 놀랍게 역사하신 것을 본 적이 없다. 그럼에도 불구하고 주님의 축복은 계속 이어지고 있다!

영속적인 조력자

뮬러는 유일하게 성령만을 영속적인 조력자로 의지했다. 그는 시시때때로 성령의 지혜와 능력을 의지했다. 성령은 뮬러의 비전과 사역에 있어 큰 조력자가 되어 주셨다. 성령은 뮬러의 연약한 부분을 잘 감당하도록 힘을 주시며 도우셨다.

시련들 가운데 사람을 의지했더라면 중도에 크게 좌절하고 하차했을 것이다. 뮬러는 당장 내일 먹을 양식이 오늘 준비되지 않았을 때도 돈 있는 사람을 바라본 적이 없었다. 성령의 인도하심과 공급하시는 역사를 기대했을 뿐이다. 그는 성령만이 자신의 사역을 지속적으로 성장하도록 도우실 수 있다는 사실을 확고하게 믿었다.

사람은 연약해서 변덕이 심하다. 가장 가까운 사람들이 실망을 주기도 한다. 그러나 하나님은 다르시다. 변하지 않으신다. 영속적인 도움을 주실 수 있다. 성령만 의지하는 뮬러에게는 환경이나 사람들 때문에 실망하는 일은 거의 찾아볼 수 없었다. 언제나 그가 기도하는 중에 하나님께 감동받은 사람들이 찾아와 필요를 공급해 주었다.

성령을 통한 은사와 재능

뮬러는 성령이 각 사람을 봉사자로 세우시고 필요한 은사와 재능을 주시는 분임을 믿었다. 그는 자신의 60여 년의 사역에 필요한 교사들과 조력자들, 지도자들을 공급하고 자격을 부여해 주신 분이 성령이

심을 분명히 알고 있었다.

이 사역과 관련해 가장 어려운 문제는 여러 가지 조건을 골고루 갖춘 성령 충만한 사람을 찾는 일이다. 적합한 연령, 건강, 능력, 경험, 어린아이에 대한 사랑, 모든 시련과 고난 중에도 인내할 수 있는 성령 충만함, 돈 버는 것이 목적이 아닌, 하나님께 봉사하기 위해 노동에 임할 수 있는 자세 등 많은 점들이 고려되어야 한다. ……나는 언제나 약한 존재이다. 나는 믿음과 다른 여러 은혜로 충만해져야 한다.

성령으로 시작, 성령으로 마침

뮬러는 모든 일에 성령을 의지하는 일에 익숙했다. 일의 시작뿐만 아니라 일의 진행과 마무리까지 성령께 시종일관 의지하는 모습은 얼마나 아름다운지. 당장 갈채받는 일시적 순풍보다 요동치는 풍랑의 한가운데서도 자리를 지키며 장기적으로 인정받는 성령의 길을 따라갔다.

역사 속의 왕들은 정복자가 되길 원하고 명성을 떨치는 영웅의 길을 걷길 원했다. 그러나 뮬러는 눈에 띄지 않을지라도, 고단할지라도 성령에 의해 마지막까지 섬기는 사역을 감당했다. 그래서 고아원 사역을 성공적으로 수행한 후 후임자에게 물려줄 수 있었다.

뮬러는 항상 자신의 생활에서 '일부분만 성령을 의지하는 실수'를 범하지 않도록 주의했다. 특히 어려운 부분만 아니라 모든 부분에서 전폭적으로 성령을 의지했다. 성경을 읽는 일, 사람을 만나는 일, 성경을 연구하는 일, 설교하는 일, 기도 모임을 갖는 일, 상담하는 일, 구제하는 일, 계획을 세우는 일, 주일학교를 운영하는 일, 고아원을 신축하는 일, 자녀를 보살피는 일, 돈을 관리하고 사용하는 일, 인간 관계 등 모든 일에 성령을 의지하고 그분의 인도하심을 구했다. 성령이 삶의 중심이었던 것이다.

성령을 통한 기도와 말씀 연구

뮬러는 무엇보다도 성경을 읽고 기도하는 일에 성령을 전적으로 의지했다. 말씀을 묵상할 때 자주 말씀의 능력에 사로잡혀 진리의 광맥을 발견하고 눈시울을 적신 적이 한두 번이 아니었다.

그는 인간적인 사사로운 지혜를 의지하는 일을 그만두었다. 지식을 쌓기 위해 성경을 공부하는 일은 없었다. 기도조차도 이기적이 되지 않게 하기 위해 늘 성령의 도움을 청했다. 성령을 통해 말씀의 신비를 깨달았고, 성령을 통해 참된 기도의 진수를 경험하며 영적 희열을 누렸다.

오늘날은 말씀이 가장 풍성한 시대인 것 같으면서도 영적 시야가 가장 흐린 암흑의 때이기도 하다. 사람들은 하나님의 음성을 듣지 못하고 하나님의 뜻을 잘 분별하지 못하고 있다.

뮬러 시대의 사람들은 의식주 문제에 지금보다 훨씬 큰 관심을 보였다. 반면 영의 양식인 말씀에 대해서는 무지했다. 하지만 뮬러는 모든 문제들의 근본 요인을 찾아 해결하기 위해 말씀을 주목하고 성령의 도우심을 절대적으로 의지했다. 말씀의 저변에서 흘러나오는 에너지는 어떤 것보다도 더 강하고 감동적인 힘이 되었다.

성경을 보아도 말씀을 깊이 깨닫지 못하는 것은 성령을 의지하는 일에 실패한 인간의 욕심과 완악함 때문이다. 성령은 말씀과 함께 흐른다. 말씀과 함께 가는 것은 하나님과의 살아 있는 연합의 징표이다. 말씀의 토성을 쌓는 일은 세상에 대한 최고의 방어력이며, 어둠을 이기는 강력한 진검이 된다. 치열한 영적 전투에서 이기는 고유의 능력이다. 말씀의 자원의 고갈이 가장 위험하다.

성경은 성령에 대해서 이렇게 말하고 있다.

> 성령은 모든 것 곧 하나님의 깊은 것까지도 통달하시느니라 고전 2:10

하나님의 깊이와 넓이와 무궁한 신비의 비밀을 가장 정확하게 알고 잘 소개해 주실 수 있는 분이 성령이시다. 성령은 하나님의 계획을 상세히 아시고, 하나님의 자녀를 그분의 거룩한 섭리로 이끄시는 영이시다. 특히 그리스도인 속에 내주하시면서 복음의 진리를 바로 깨닫게 하시며, 하나님의 자녀임을 확증케 해주시는 분이다.

뮬러는 성령의 도우심 없는 성경 공부나 성경 읽기는 다 무가치하게 여겼다. 오직 성령을 의지하고 말씀을 묵상할 때 그 말씀이 특별한 믿음과 능력으로 다가왔다. 그는 성령으로 말씀을 묵상하고 성령으로 기도하고 성령으로 호흡하며 매일매일 성령에 붙잡혀 살았다.

오직 성령을 통해서만

뮬러는 성령의 도우심을 지속적으로 받았다. 특히 성령을 의지하는 기도를 자주 드림으로써 기도 응답을 순탄하게 받았다.

뮬러는 자신의 기도가 약해짐을 발견할 때마다 그 고민을 가지고 성령의 조언을 받았다. 인간의 연약한 부분을 능히 감당할 수 있게 하시는 성령께 간절히 도움을 청했다. 몸이 약할수록, 마음이 약해질수록 더욱 강하게 역사하시는 성령의 능력을 굳게 의뢰했다. 그의 막중한 사역을 도우실 분은 오직 성령 한분밖에 없음을 깨달은 그는 자신의 연약함을 가장 잘 아시는 분이 바로 성령이심을 항상 염두에 두고 그분의 음성을 듣는 일에 온 마음을 바쳤다. 뮬러가 기도의 깊은 세계로 나아가는 동안 그의 영은 성령에 사로잡혔고, 새로운 에너지가 방출되었다. 그 시간은 거룩한 향연이 되었고 더 큰 능력이 부여되었다.

 Tip.

이와 같이 성령도 우리의 연약함을 도우시나니…… 롬 8:26

여기서 "연약함"이라는 단어의 뜻을 되새길 필요가 있다. 그것은 '허약', '나약함'이라는 의미와 동일한데, 곧 인간의 전반적인 허약성을 가리킨다. 하나님에 대한 지식의 허약성, 마음이 약해 죄에 빠지는 상태, 선한 결심을 다 이루지 못하는 상태, 하나님의 뜻을 바로 분별치 못하는 연약성, 주님의 말씀대로 살지 못하는 연약성, 잘못인 줄 알면서도 인간의 힘으로 해결할 수 없는 죄의 반복성 등이 있다. 이러한 연약은 오직 성령의 도우심을 통해서만 해결할 수 있다.

……우리는 마땅히 기도할 바를 알지 못하나 오직 성령이 말할 수 없는 탄식으로 우리를 위하여 친히 간구하시느니라 롬 8:26

여기서 "말할 수 없는 탄식으로"에는 성령의 애절한 사랑이 깃들여 있고, "우리를 위하여"라는 어구는 얼마나 우리를 배려하시는지 보여 준다.

성령의 강력한 도구

뮬러는 성령의 강력한 도구로 쓰임받은 인물이다. 그는 사람으로서 인정받기 전에 성령의 인치심과 강력한 도구로 쓰임받았다. 그는 성령과 신비하게 결속되어 있었고, 모험적인 도전의 에너지가 성령에 의해 흘러들었다. 그는 자기 스스로의 힘으로 엄청난 고아원 사역 및 세계 복음화를 위해 일한 것이 결코 아니었다. 뮬러가 그토록 사모했던 성령, 바로 그분이 뮬러를 사용해 그러한 역사를 이루셨던 것이다.

성령을 강력하게 의지하는 사람, 그는 모든 일에 승리할 수 있다!

성령께 자신의 지식과 의지와 감정을 다 드리는 사람, 그는 분명히 성령의 도움을 받을 것이다!

성령의 음성에 지극히 민감한 사람, 그는 하나님의 뜻을 깨달을 것이다!

성령의 음성에 100% 순종하는 사람, 그는 분명히 하나님을 흡족하게 할 것이다!

성령을 가장 귀히 여기고 가까이하는 사람, 그는 정녕 성령의 강력한 역사를 체험할 것이다!

성령을 의지해 기도하는 사람, 그는 분명히 응답을 체험할 것이다!

생각과 말과 행동이 성령에 붙들린 사람, 그는 하나님의 크신 뜻을 가장 훌륭하게 이루는 능력의 도구로 쓰임받을 것이다!

성령의 사랑으로 뒤덮인 사람, 그는 하나님의 위대한 사랑을 가장 영향력 있게 증거할 것이다!

성령의 지혜로 충만한 사람, 그는 요셉과 다니엘, 바울과 스데반처럼 하나님의 사역에 기둥같이 쓰임받을 것이다!

우리는 여기서 중대한 질문을 스스로에게 해보아야 할 것이다.

성령 없이 기도할 수 있는가? 내가 기도할 수 있다는 그 자체가 성령의 크신 은총 가운데 하나이다.

성령 없이 하나님의 자녀가 될 수 있는가?

너희는 다시 무서워하는 종의 영을 받지 아니하고 양자의 영을 받았으므로 우리가 아빠 아버지라고 부르짖느니라 성령이 친히 우리의 영과 더불어 우리가 하나님의 자녀인 것을 증언하시나니 롬 8:15-16

하나님의 영으로 인도함을 받는 사람은 곧 하나님의 아들이라 롬 8:14

성령 없이 죄와 사망에서의 진정한 해방을 맛볼 수 있는가?

그리스도 예수 안에 있는 생명의 성령의 법이 죄와 사망의 법에서 너를 해방하였음이라 롬 8:2

성령 없이 기도와 찬양, 전도, 성경 공부를 할 수 있는가? 절대 불가능하다. 만일 성령을 제외시킨다면 그리스도인으로서의 삶 자체가 불가능하다. 그러므로 모든 그리스도인은 성령이 없으면 아무것도 할 수 없음을 주님 앞에 고백하고 성령을 뜨겁게 갈구해야 할 것이다.

바울은 이렇게 말했다. "오직 성령으로 충만함을 받으라" 엡 5:18.

에스겔이 성령의 인도와 능력을 받지 않았더라면 산더미 같은 인간의 마른 뼈들이 일어나는 것을 볼 수 있었겠는가?

스데반이 성령 충만을 받지 않았더라면 돌로 자기를 쳐 죽이고 있는 원수를 향해 용서의 기도가 나올 수 있었겠는가?

마르틴 루터가 성령 충만하지 않다면 종교개혁을 성공적으로 감당할 수 있었겠는가?

감리교의 창시자 요한 웨슬리, 그가 성령의 불로 충만하지 않았다면 선교의 횃불을 강력하게 들 수 있었겠는가?

세계적인 전도자 무디, 그가 성령 충만하지 않았더라면 과연 그 많은 사람들을 그리스도 앞으로 인도할 수 있었겠는가?

뮬러가 성령을 의지하지 않고 고아원 사역에 뛰어들었다면, 고아의 아버지, 진정한 기도의 사람이 될 수 있었겠는가?

뮬러, 그는 성령의 응답을 받고서야 일을 시작했다. 그의 모든 사역은 성령에 의해 인도받았다. 성령은 뮬러를 사로잡았고, 뮬러는 성령의 손에 붙들려 살았다. 밤낮 성령의 불에 지펴졌고 성령과 하나 되어 생활했다. 성령께서는 자신을 전적으로 의지하는 뮬러의 사역에 날마다 필요를 공급해 주셨다. 방해 세력들을 완벽하게 막아 주셨다.

연인들이 백사장 위에 마주 앉아 그림도 그리고 글씨도 쓰며 추억을 남기고 싶어하듯이, 바다의 물결소리를 들으며 밤새 이야기를 나누고 싶어하듯이, 하나님의 사람은 주께서 머물게 하신 곳에서 성령과 동행하며 흔적을 남기고 싶어한다.

모든 그리스도인은 이렇게 고백하며 기도할 수밖에 없는 존재이다.

"오 성령이시여, 저에게 충만히 임하소서! 그리고 영원히 함께하소서! 오직 성령님만 의지하고 따라가겠습니다. 저의 영원한 인도자가 되어 주소서!"

chapter 19

하나님께만 호소함

조지 뮬러, 그는 하나님 한분만을
유일한 호소의 대상으로 삼았다.

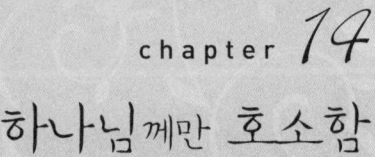

하나님 한분만을
유일한 도움으로 삼으면
미래에 대한 불안이나 현재의 불만이
모두 없어진다.
하나님 아버지께서 친히
그의 인생을 책임져 주시기 때문이다.

유일한 호소의 대상

뮬러의 생애 가운데 가장 놀라운 사실은 하나님을 유일한 호소의 대상으로 삼은 것이다. 그는 가장 어려운 위기의 순간에도 사람을 찾아가지 않고 하나님 한분만 의지하고 그분께 나아갔다. 그의 일화집에서 밝힌 몇 마디 주註만 보아도 알 수 있다.

1. 지금까지 계속해서 여러 가지 부족했다고 쓴 글을 읽고 혹시 고아들에게 필요한 것도 제대로 공급하지 못한 것이 아니냐고 생각하는 사람이 있을지도 모르겠다. 하지만 내가 고아 사역을 시작한 이래 맛있는 음식이 충분치 못했다든가 따뜻한 옷이 부족한 적은 없었다. 필요로 하는 모든 것은 언제나 풍성하게 공급되었다.

2. 고아 사역을 시작한 이래 한번도 어떤 사람에게 도움을 요청해 본 적

이 없었다. 앞에서 밝힌 것과 같이 모두가 기도의 응답으로 세계 각처에서 모여들었다. 그것도 보통 우리가 절대적인 재정 위기에 처해 있을 때에 말이다!

이처럼 조지 뮬러는 철저히 하나님 한분만을 호소의 대상으로 삼아 필요한 모든 것을 매일 그것도 충분하게 공급받았다. 만일 뮬러가 경제적으로 넉넉한 사람들, 회사 및 중요한 단체, 기부자들, 교회 등을 의지했더라면 고아원을 지속적으로 운영하는 일에 실패했을 것이다. 인위적인 고아원 운영 방식은 하나님의 은총을 얻을 수 없고 하나님께도 영광이 돌아갈 수 없기 때문이다. 주님를 향한 지고한 신앙을 향유했기에 고아원 사역을 감당할 수 있었던 것이다.

1859년 그는 다음과 같이 일기에 적고 있다.

매주 수요일 저녁 우리 동역자들은 모여서 기도회를 열었다. 매일 기도할 때마다 영육간에 필요로 하는 50여 가지의 기도 제목을 놓고 기도했는데 주님의 응답을 받았다. 우리의 원칙은 사역에 대한 도움을 사람에게 요청하지 않는 것이다……

뮬러의 유일한 호소의 대상은 진정 하나님 한분밖에 없었다.
이와 같은 하나님을 향한 호소는 모든 그리스도인들에게 요청된다. 작은 어려움이든 큰 어려움이든 주 하나님 앞에 나아가 자주 호소하는 자, 극한 풍랑 속에서도 풍랑 위를 걸어 찾아오시는 주님을 바라보며 그분 앞에 나아가 호소하는 자, 그가 지혜로운 자이다.

문제가 발생할 때 하나님께 호소하는 사람보다, 문제가 없을 때에도 모든 일을 하나님께 물어보고 시작하는 자가 더 지혜롭다. 뮬러는 은혜의 기슭에서 아침 이슬처럼 다가오는 주님의 은혜를 사모했다. 그가 하나님 앞에 나아가 호소할 때 하나님은 한번도 귀찮게 여기시거나 거절하신 적이 없으셨다. 우리가 하나님을 더 자주 찾을수록 그분은 더 반겨 주신다. 우리가 가까이 갈수록 더 기뻐하시며 선물을 예비하신다.

수중에 돈이 없을지라도

뮬러가 세운 원칙 가운데 하나는 아무리 치명적인 상황이 닥치고 수중에 돈이 전혀 없을 때에도 하나님 외에는 누구에게도 의지하지 않는다는 것이다. 심지어 돈을 빌리는 일까지 삼갔다. 외부인들에게 어려운 사정을 알리지도 않았다. 또한 뮬러는 "아이들에게 필요한 것이 하나도 모자라서는 안 된다."는 원칙도 세웠다. 이 원칙들이 지켜지기 위해서는 하나님께 기도로 간절하게 도움을 요청하는 방법밖에 없었다.

뮬러는 하나님의 신실하심과 그분의 약속만 전적으로 의지했다. 아무리 급한 상황에서도 사람에게 손을 내밀거나 부자들을 찾아가 호소하는 방법은 철저히 거절했다. 그는 한평생 하나님 한분만 믿고 의지했을 뿐이다. 이처럼 그는 선명하고도 투명한 믿음의 정수를 가진 자였다.

그는 고아원을 3년 반 정도 운영했을 당시 응답해 주신 하나님의 은혜를 헤아리면서 이렇게 기록했다.

> 최소한 260명의 사람들이 그들의 영혼에 대한 문제를 놓고 우리와 상담했다. 그들 가운데 지난 18개월 동안 153명이 새롭게 교인이 되었으며, 60명이 우리의 가르침과 기도를 통해 주님을 알게 되었다. 내 일상적인 필요에 대해 주님 한분만을 의지하기 시작한 지 벌써 4년이라는 세월이 흘렀다. 당시 내가 가질 수 있었던 것은 기껏해야 1년에 100파운드 정도였다. 내가 그것마저 주님을 위해 포기했을 때 내 손에는 5파운드뿐이었다. 주님께서는 이 작은 희생을 크게 축복해 주시더니 훨씬 더 많은 것으로 채워 주셨다.
>
> 지난 3년 6개월 동안 나는 그 어떠한 것에 대해서도 사람들의 도움을 요청한 적이 없었다. 내가 필요로 하는 모든 것들을 오직 주님 앞에 가져갔을 뿐이었다. 주님은 자비롭게도 모두 공급해 주셨다. 지난 4년 동안 해마다 수입은 크게 증가했지만, 결산을 해보면 단지 몇 실링 정도밖에 남지 않았다. 하지만 하나님의 도우심으로 내 모든 필요가 나날이 채워져 왔다.

하나님은 그러한 뮬러를 한번도 버리신 적이 없으셨으며, 한번도 실망시키신 적이 없으셨다. 매일매일 필요로 했던 양식이 그때마다 채워졌다. 철없는 고아들은 어떻게 양식이 매일 공급되는지 몰랐으나 하나님을 신뢰하고 골방에서 기도하던 뮬러는 다 알고 있었다.

뮬러는 사람의 평판이 아닌 하나님의 평판을 기대했다. 하나님은 뮬러의 기도를 하나도 땅에 떨어지지 않게 하시고 놀라운 응답으로 채워 주셨다. 그 결과 고아들에게는 풍족한 양식이 돌아왔고, 뮬러 자신도 더욱 큰 믿음을 가지고 주님께 영광을 돌렸다.

하나님은 가난한 자들과 억울한 자들의 호소를 주의 깊게 들으시는 분이다. 순교자들의 호소를 들으시는 분이다. 가인에게 목숨을 잃은 아벨의 호소를 듣고 계셨던 것처럼, 하나님은 오늘날도 땅에서 부르짖는 우리의 기도 소리를 귀담아 들으신다. 우리는 기도의 동산에 올라가 하나님께 호소드려야 한다. 골방에 들어가 하나님께 호소드리는 일, 하나님의 전에 올라가 하나님께 호소드리는 일, 이것보다 귀한 것은 아무것도 없다! 하나님은 기도의 골방에서 우리 근심의 부스러기를 정화의 불로 태워 주신다. 혹독한 고통의 혈맥에 생명을 수혈해 주시며 신비로운 새 에너지로 채워 주신다.

하늘의 거룩한 하나님은 그분을 의뢰하며 찾는 그리스도인들에게 풍성한 긍휼로 대하신다. 아무리 작은 목소리도 능히 거룩한 보좌에서 들으신다. 그리고 면밀하고도 심오한 음성을 들려주신다.

뮬러, 그는 어려움이 생길 때마다 하늘의 아버지를 자신의 유일한 호소의 대상으로 삼고 그 앞에 나아가 호소함으로 달콤하고도 독점적인 은혜를 경험했으며, 하나님의 풍성한 응답을 받았던 대표적인 믿음의 인물이다.

내가 산을 향하여 눈을 들리라 나의 도움이 어디서 올까 나의 도움은 천지를 지으신 여호와에게서로다 시 121:1-2

chapter 15
완전한 맡김

조지 뮬러, 그는 주님께 기도함으로
철저히 하나님께 맡기는 삶을 살았다.

자신의 생명과 자신의 문제를
송두리째 하나님께 맡기는 사람은
믿음이 큰 사람이다.
반면에 맡기지 못하는 사람은
근심하며 자신이 그 짐을 지고 가야 한다.

완전한 맡김

뮬러의 생애에서 특이할 만한 점은 기도로 자신의 무거운 짐을 하나님께 철저히 맡겼다는 것이다. 뮬러는 살아가면서 호된 시련의 순간들을 수없이 만났다. 그는 세인들에게는 세상 물정을 모르는 숙맥처럼 보여졌다. 그러나 완전한 맡김의 기도로 세상의 염려를 완전하게 제어할 수 있었다.

뮬러는 수많은 고아들의 의식주 문제의 짐을 걱정할 이유가 없었다. 단지 하나님을 향한 분명한 신뢰와 기도의 짐뿐이었다. 자신의 모든 무거운 짐들을 기도를 들으시는 하나님께 올려놓고, 그는 자유를 누리며 하루하루 믿음으로 살아갔다.

하나님은 우리를 평지에 오랫동안 두시기보다 위험한 계곡과 험준한 능선으로 종종 인도하신다. 때론 강을 건너게 하시고 거친 파도가 휘몰아치는 바다를 지나게 하신다. 때론 거친 모래바람이 몰아치는 사막에서 섬기며 견뎌내길 원하신다. 온실 속의 화초보다 거친 야성의 들판에서 견뎌내며 꽃피우기를 원하신다. 한 가지 분명한 사실은 거기에서도 하나님이 함께하시고, 그분께 기도로 맡길 때 우리는 능히 이겨낼 수 있다는 점이다. 무지개 약속은 여전히 무너지지 않고 지속된다.

우리는 한 가지 질문을 스스로에게 던져 보아야 한다.

내 무거운 짐들을 모두 하나님께 온전히 내어 맡겼는가, 아니면 내가 스스로 안고 홀로 근심하면서 고통의 세월을 보내고 있는가?

전폭적인 맡김으로 얻는 자유

뮬러는 맡기는 일에 성공한 사람이다. 고아원을 운영하면서 얼마나 무거운 짐들이 많았겠는가? 그러나 그는 자신의 짐을 믿음으로 과감히 하나님께 맡겼다. 신실하신 하나님만을 전적으로 의지하고, 손에 돈 한 푼 없는 상황에서도 전혀 걱정하지 않는 믿음을 소유했다. 수많은 고아들을 매일매일 먹여야 하는 상황에서도, 당장 돈과 양식이 없었지만 전혀 낙심하지 않았다. 하나님의 기적의 손길이 없으면 하루도 살아갈 수 없는 순간들이 있었으나 그때마다 걱정 대신 믿음의 기도를 드려 하나님께 맡김으로써 하나님께서 대신 역사하시도록, 대신 책임져 주시도록 했다.

그는 기도의 부담은 늘 가지고 있었지만 근심의 부담은 전혀 없었다. 고아들을 먹여 살려야 한다는 압박감으로 잠을 못 자거나 짓눌릴 필요가 전혀 없었다. 세상의 근심과 압박감이 결코 뮬러의 것이 될 수 없었다. 그 책임은 하나님 아버지께 있었기 때문이다. 단지 뮬러는 믿음과 기도의 심부름꾼일 뿐이었다. 뮬러가 무릎 꿇는 동안 계획했던 모든 사역들은 하나님께서 아름답게 이루셨다.

잘못된 생각

하나님께 무거운 짐들을 다 맡기면 오히려 기도가 식어지지 않을까? 단연코 그렇지 않다. 오히려 하나님께 맡길수록 더욱 기도로 하나님께 나아가게 되며, 열정과 믿음도 더욱 살아난다.

뮬러는 근심스러운 문제가 발생할 때마다 기도로 하나님께 맡겼다. 어떤 때는 문제가 발생하기도 전에 맡겼다. 맡김으로써 그의 신앙이 나태해지거나 곤두박질한 것이 아니라 오히려 하나님과의 관계가 더 깊어졌으며, 하나님의 역사하심을 더 뜨겁게 목격했다.

매일매일의 삶을 기도와 믿음으로 주님께 맡겼던 뮬러, 그는 하나님의 기적의 손길을 그만큼 자주 체험할 수 있었으며 풍성한 응답의 열매를 맛보았다. 뮬러의 짐들을 맡아 주신 주님은 어떤 분이실까?

날마다 우리 짐을 지시는 분이다.

"날마다 우리 짐을 지시는 주 곧 우리의 구원이신 하나님을 찬송할지로다(셀라)" 시 68:19.

또한 우리를 돌보시는 분이다.

"너희 염려를 다 주께 맡기라 이는 그가 너희를 돌보심이라" 벧전 5:7.

뮬러의 믿음 생활 중에 무엇보다도 중요한 것은 자신의 모든 문제들을 하나도 남김 없이 십자가 앞에 내려놓는 일이었다. 주님을 향한 그의 전폭적인 맡김은 하나님의 도우심을 충분히 받아낼 수 있는 믿음의 맡김이었다. 그의 전폭적인 맡김은 내일에 대한 근심에서 해방시켜 주며 순전한 자유를 누릴 수 있게 해주었다.

그의 맡김은 일시적인 맡김이 아니었다. 1시간의 맡김이 아닌 24시간의 맡김이었으며, 하루의 맡김이 아닌 365일의 맡김이었으며, 1년의 맡김이 아닌 전생애를 맡기는 삶이었다. 뮬러의 철저한 맡김, 완전한 맡김, 100%의 맡김을 하나님은 특별히 기뻐하셨고, 그 결과 큰 역사를 자주 보여 주셨다. 뮬러의 맡김은 하나님 앞에서 산 믿음의 증표가 되었던 것이다.

대제사장되시는 주님께서 기도로 맡기는 그리스도인들을 위해 24시간 중보해 주신다는 사실은 참으로 감사할 일이다 롬 8:34.

어떤 짐이든 그리스도의 십자가 아래 내려놓기만 하면 더 이상 내 짐이 아니라 그리스도의 짐이 된다. 주님께 맡기는 사람은 주님이 허락하신 가벼운 멍에만 지고 희락을 누리며 살 수 있다. 뮬러는 맡김의 믿음을 통해 순간순간 주님의 놀라운 응답을 만끽할 수 있었다.

기도로 맡김

뮬러는 기도할 수 있는 가장 좋은 기회가 자신이 세상에서 호흡하고 있는 동안임을 분명히 알았다. 기도로 맡기는 방법보다 더 좋은 것은 없었다. 풍랑을 만났을 때 두려워하기보다 오히려 고난의 때를 기도할 수 있는 좋은 기회로 삼았다. 뮬러는 우리의 기도를 일방적으로 파기하지 아니하시는 하나님을 전폭적으로 신뢰하며 온전히 내어맡겼다. 주님께서는 그를 짐의 굴레에서 해방시켜 자유를 주시고 짐을 대신 져 주셨다.

> 모든 경건한 자는 주를 만날 기회를 얻어서 주께 기도할지라 진실로 홍수가 범람할지라도 그에게 미치지 못하리이다 시 32:6

조지 뮬러, 그는 환상적인 사람이 아니었다. 그를 초자연적 존재로 오해해서도 안 될 것이다. 그는 우리와 같은 평범한 사람일 뿐이다. 단지 기도하고 믿음으로 맡기기에 익숙했던 사람일 뿐이다. 그는 일기에서 이렇게 고백했다.

> 내가 기도하기 시작한 때로부터 주님께서 그것을 다 채워 주실 때까지 나는 주님이 채워 주시지 않으리라고 의심한 적이 한번도 없었다.

이는 그가 얼마나 철저히 기도로 하나님께 맡겼는지 그 믿음을 분명히 보여 준다. 그는 분명한 응답을 볼 때까지 온전한 믿음으로 하나님께 맡기는 신실한 믿음을 끝까지 지니고 있었다. 그런 생활이 하나님 보시기에 얼마나 아름답고 믿음직한 것인지!

chapter 16
깨끗한 물질관

조지 뮬러, 그의 물질관은 너무나 깨끗하고 아름다웠다.

물질에 욕심이 없는 사람을
찾아보기란 심히 어렵다.
물질에 대해서 하나님과 자신의 양심 앞에
한치의 부끄러움이 없이 살아가는 사람은
기도 응답을 자주 체험할 수 있는
사람 중 한 사람이다.

욕심 없는 깨끗한 믿음

뮬러는 무엇보다도 물질 욕심이 없는 사람이었다. 그가 물질에 욕심을 냈더라면 고아원 사역을 성공적으로 수행해 내지 못했을 것이다. 하나님은 물질관이 흐려진 사람, 즉 재물에 욕심을 품은 사람의 기도에는 응답해 주실 수 없기 때문이다.

> 욕심이 잉태한즉 죄를 낳고 죄가 장성한즉 사망을 낳느니라 약 1:15

물질에 대한 욕심은 죄를 낳을 뿐이다. 하나님의 의를 결코 이룰 수 없다. 빗나간 욕망, 탐욕, 애욕은 하나님의 거룩함에 이를 수 없다.

고아원 운영 경비는 엄청났다. 1년 365일 매일매일 50파운드가 들어왔다 해도 모자랐을 것이라고 한다. 그러나 놀랍게도 하나님께서는 다양한 방법으로 제각기 다른 얼굴을 가진 사람들이 제각기 다른 장소에서 헌금을 가져오게 하셨다. 어느 때는 20여 명이 헌금을 가져왔다. 그런데 그 20여 명 중에 뮬러가 개인적으로 알거나 교제한 사람은 한 사람도 없었으며, 또한 뮬러에게 헌금 요청을 받은 사람도 한 사람도 없었다. 이처럼 뮬러는 한번도 사람에게 헌금을 요청한 적이 없는데도 고아원 사역을 시작한 지 23년째 되는 1858년 11월까지 들어온 헌금만 계산해도 무려 60만 파운드나 되었다고 한다.

뮬러는 얼마나 물질에 대해 욕심이 없었는가?

그는 개인적으로 돈을 모아 자신의 미래를 위해 축적하는 일을 삼갔다. 또한 수중에 들어온 물질을 자기 욕심대로 사사로운 이익을 위해 사용해 본 일이 없었다. 은밀히 들어오는 물질들에 대해서도 하나님께 철저히 검사받으며 생활했다. 그에게 들어온 거액의 물질은 하나도 남김 없이 고아들을 위해 쓰여졌고 하나님 나라를 위해 쓰여졌다. 심지어 자기가 쓴 저서들을 통해 얻은 수익마저 하나님 나라와 고아원 사역을 위해 사용했다. 하나님은 이렇게 깨끗한 믿음의 사람 뮬러를 얼마나 소중하게 여기셨는지!

뮬러는 거액을 기부한 한 자매의 이야기를 일기에 기록해 놓았다.

나는 돈을 받기 전 자매와 오랫동안 이야기를 나눴다. 자매가 가지고 온 돈이 얼마나 큰 액수인지 충분히 고려하지 않고 감정적으로 헌금하는 것이 아닌가 하는 염려 때문에 헌금을 하게 된 동기가 무엇인지 알고 싶

다고 했다. 그러나 대화를 나누기 시작한 지 얼마 안 되어서 자매가 조용
하면서도 인정 많고 무엇보다 예수님을 진정 잘 따르는 사람임을 알게
되었다. 그녀는 누가 뭐래도 성경 말씀을 그대로 행하기를 심히 원했다.
"너희를 위하여 보물을 땅에 쌓아 두지 말라" 마 6:19.
"너희 소유를 팔아 구제하여" 눅 12:33.
자매가 과연 100파운드라는 돈이 얼마나 큰 액수인지 알고 있는지 알아
보기 위해 계속 질문하자, 그녀는 이렇게 대답했다.
"주님께서는 저를 위해 그분의 마지막 피 한 방울까지 다 주셨는데, 제
가 100파운드도 그분께 드리지 못하겠습니까?"
나는 자매가 보여 준 네 가지를 주시했다. 먼저, 은밀하게 행해 다른 사람
의 칭찬을 바라지 않는다는 사실을 보여 주었고, 둘째는 여전히 겸손하고
낮은 마음의 자세로 자신의 소유를 바침으로써 사람을 감동시키려 하지
않으며, 셋째는 그렇게 많은 돈을 가지고도 검소한 생활을 했고, 넷째
는 삯바느질을 해 일주일에 3실링 정도를 벌어 생활하면서도 5파운드짜
리 지폐로 100파운드나 되는 많은 돈을 주님께 드렸다는 것이다. 그 자매
는 죽기 몇 년 전에 돈이 다 떨어지고 말았다. 그런데도 여전히 주님을 의
지했고, 주님께서는 자매의 이 땅에서의 생애가 다할 때까지 그녀를 버리
지 아니하셨다.

이처럼 뮬러는 물질에 대해 특별히 깨끗하게 다루었다. 물질에 있
어 수직적인 하나님과의 관계도 선명하게 유지했고, 수평적인 사람과
의 관계도 끝까지 정직하고 깨끗하게 유지했다. 그는 거액을 준다는
사람을 만나도 함부로 받는 일이 없었으며, 충분한 상담과 기도, 그리

고 그 동기를 충분히 파악한 후에 비로소 물질을 받았다.

큰 물질이 손에 주어졌을 때 마음대로 쓰고 싶은 유혹이 얼마나 컸겠는가? 그러나 뮬러는 하나님 앞에서 깨끗한 물질관을 계속 유지했다. 어쩌면 이보다 어려운 일은 없을지 모른다. 이것은 날마다 자신의 욕심을 쳐서 복종시키는 자신과의 엄청난 내적 전쟁이다. 뮬러는 그 싸움에서 승리한 것이다. 그에게 주어진 물질은 모두 하나님 나라와 이웃을 위해 쓰여졌다. 그 결과 고아들을 비롯해 많은 사람들이 도움을 입었으며 세계 선교에도 큰 도움이 되었다.

오늘날 이 세대는 물질의 종노릇하기 가장 쉬운 때에 살고 있다. 물질을 조금이라도 더 얻기 위해 수단과 방법을 가리지 않는다. 아마 하나님께서 들추시기 시작하면 걸리지 않는 사람이 거의 없을 것이다. 물질 때문에 기도 응답이 가로막혀 있다는 사실을 알고 있는 그리스도인은 얼마나 될는지. 뮬러는 재물의 특성을 잘 알고 항상 깨어 경계함으로써 물질을 계속 깨끗하게 다룰 수 있었다. 이는 하나님의 보호의 은총과 더불어 어떤 욕심도 들어오지 못하도록 기도로 무장했던 그의 정결한 믿음에서 비롯된 것이다.

재물의 특성을 파악함

뮬러는 재물의 특성을 잘 파악하고 있었다. 재물이 악한 도구가 되지 않도록 늘 경계했고, 선한 도구로 사용하기 위해 부단히 노력했다.

그는 재물의 특성을 정확히 이해하고 주의함으로써 재물로 인한 영적 손상을 훨씬 줄이거나 막을 수 있었다.

- 뮬러는 재물을 섬기는 일을 단호히 거부하고 오직 하나님 아버지 한 분만 섬겼다. "너희가 하나님과 재물을 겸하여 섬기지 못하느니라"마 6:24. 뮬러는 재물 자체에 흥미를 두지 않고 오직 하나님께 관심을 두고 그분만 섬겼다. 진정한 섬김의 대상은 하나님 한분뿐이시다.

- 뮬러는 재물이 사람을 천국으로 인도해 주지 못한다는 사실을 기억했다. 오히려 많은 사람들을 어둠의 길로 향하게 하는 유혹의 도구로 쓰일 수 있음을 알았다. "예수께서 제자들에게 이르시되 내가 진실로 너희에게 이르노니 부자는 천국에 들어가기가 어려우니라 다시 너희에게 말하노니 낙타가 바늘귀로 들어가는 것이 부자가 하나님의 나라에 들어가는 것보다 쉬우니라 하시니"마 19:23-24.

- 뮬러는 큰 돈을 만지면서도 물질보다 하늘의 보화와 고아들, 먼 이웃에게 더 큰 관심과 사랑을 갖고 있었다. 그는 항상 재물에 대한 경계를 늦추지 않았다. 매일매일 자신의 심중을 하나님 앞에서 살피며 재물보다 우주 만물의 주인이시며 생명의 근원이신 하나님을 바라보았다.

- 뮬러는 재물의 가치를 평가할 때 언제나 이 땅에 얼마나 쌓아 두느냐

는 외적 판단 기준에 따르지 않고 오직 하늘에 얼마나 쌓아 두느냐에 관심을 가지고 모든 수입을 선교와 구제에 사용했다. 그가 46세 정도 되었을 때 남긴 기록이 있다.

매우 어려운 상황일 때 버밍엄에서 한 여인이 1파운드를 보내 왔다. 그리고 대략 1시간 후에 150파운드를 저축한 형제에게서 10파운드를 받았다. 그는 지금껏 돈을 통장에 모았지만, 이제는 아플 때나 노년기를 대비해 저축해 두는 것보다 주님의 사역에 사용하는 것이 더 예수님의 이름을 영화롭게 하는 것이라고 여기게 되었다. 그가 아프거나 늙는다 하더라도 주님께서는 그를 돌보아 주실 것이다.

이어서 뮬러는 마태복음 6:19-21 말씀을 기록했다.

"너희를 위하여 보물을 땅에 쌓아 두지 말라 거기는 좀과 동록이 해하며 도둑이 구멍을 뚫고 도둑질하느니라 오직 너희를 위하여 보물을 하늘에 쌓아 두라 거기는 좀이나 동록이 해하지 못하며 도둑이 구멍을 뚫지도 못하고 도둑질도 못하느니라 네 보물 있는 그곳에는 네 마음도 있느니라."

그는 계속 이를 강조하며 일기를 써 내려갔다.

예수님은 제자들인 우리들에게 베드로전서 1:4 말씀("썩지 않고 더럽지 않고 쇠하지 아니하는 유업")을 약속으로 주셨다. ……주님을 위해 가난한 형제들이나 주님의 일에 사용하는 돈들은 모두 하나님의 창고에 저축된다. 우리가 하늘나라에 갈 때 우리의 보화가 있는 장소에 가서 우리가 저축해 두었던 재화들을 볼 것이다. ……우리가 받을 상속은 하나님께서 주신 유업이며, 우리는 하늘나라의 시민이다. ……그렇게 한다면 주님의 계명에 순종하는 대가로 이 세상에서도 귀중한 영적 축복을 얻게 되리라.

그는 특히 땅에 부를 축적하다가 하나님에 대해 부요치 못해 버림받은 어리석은 부자눅 12:21를 상기하고, 늘 재물을 깨끗하게 관리하며 잘 사용하도록 기도함으로써 깨끗한 믿음을 유지할 수 있었다.

■ 뮬러는 재물은 변하는 것으로, 화를 가져올 위험이 있음을 항상 직시했다. "들으라 부한 자들아 너희에게 임할 고생으로 말미암아 울고 통곡하라 너희 재물은 썩었고 너희 옷은 좀먹었으며 너희 금과 은은 녹이 슬었으니 이 녹이 너희에게 증거가 되며 불같이 너희 살을 먹으리라 너희가 말세에 재물을 쌓았도다……너희가 땅에서 사치하고 방종하여 살륙의 날에 너희 마음을 살찌게 하였도다"약 5:1-5.
그는 항상 아침부터 저녁까지 고아들을 위해 헌신하는 가운데 고아들과 함께 기도로 일용할 양식을 먹었다. 위로부터 공급받은 것들을 기꺼이 고아들을 위해 나누고 많을 때에는 이웃과도 나누었다. 언제나 물질에 욕심을 가지지 않도록 경계하며 자신을 채찍질했다.

■ 뮬러는 하나님보다 재물을 사랑하는 일을 철저히 금했다. 돈을 사랑

함이 일만 악의 뿌리가 된다딤전 6:10는 경고를 기억하고 있었다. 그는 참 인격을 소유하신 하나님 한분만을 신뢰하고 사랑했다.

- 뮬러는 재물이 그리스도인들로 하여금 하나님을 잊어버리게 하는 가장 불행한 수단이 될 수 있음을 기억하고 항상 경계를 늦추지 않았다. 고아원 사역이 점점 확대되면서 발생하는 온갖 물질적 유혹으로 인해 하나님을 등질까 특히 조심했다. 고아원이 확장될 때마다 과거에 베풀어주신 하나님의 은혜를 잊지 않고 되새겼다. 그의 발자취에는 모두 하나님의 도움이 있었다. 하나님이 관여하셨기 때문에 고아원이 성장할 수 있었다. 그래서 더욱 하나님을 사랑했고, 그분께 모든 영광을 돌려드렸다. 그는 하나님께 입은 사랑과 온갖 은총을 자신이 사는 동안 다 나누어 주리라 결심했고, 과연 부끄럽지 않은 나눔의 삶을 살았다.

물질 사용에 대한 점검

물질에 대해 반성하며 점검해 볼 몇 가지 요소가 있다. 이것들은 기도 응답에 분명히 관계된 것이기 때문이다.

- 물질을 모으고자 하는 동기가 순수하고 아름다운가?
- 물질을 모으고 있는 과정이 선하고 아름다운가?
- 물질은 하나님의 은사로 모아지게 됨을 인정하는가?

- 물질을 선하게 관리하는 일에도 신경 쓰고 있는가?
- 물질을 하늘에 쌓아 두는 일에 얼마나 관심을 갖고 있는가?
- 혹시 남의 돈을 빌려 쓰고 떼어먹은 일은 없는가?
- 하나님께 드려야 할 것을 내 임의대로 쓰지 않는가?
- 하나님보다 물질 그 자체에 신경을 쓰고 있지는 않은가?
- 내 영혼을 위해 물질을 얼마나 투자하고 있는가?
- 자녀들의 영적 유익을 위해 제대로 투자하고 있는가?
- 동료나 이웃에게 갚아야 할 돈을 주지 않고 있지는 않은가?
- 모든 인간 관계에서 돈거래가 아름답고 깨끗한가?
- 수고한 사람들을 위해 물질로 정당한 보상을 하는가?
- 하나님 앞에 부끄러운 뒷돈 거래는 없는가?
- 혹시 부자들이나 권세자들 앞에서 아부하는 일은 없는가?
- 가난한 자들의 호소에 귀를 막고 있지는 않은가?
- 가정 생활에 사용하는 모든 돈이 선하게 지출되고 있는가?
- 모든 물질이 다 하나님의 것임을 인정하는가?

이렇게 물질적으로 자신을 잘 점검하면서 기도할 때 물질의 유혹에서 벗어나거나 능히 이길 수 있다.

물질적인 면에서 깨끗한 그리스도인은 하나님 앞에 진실한 기도를 드릴 수 있으며, 또한 그 기도에 응답받을 수 있다. 하나님이 기뻐하시는 일을 행하기 때문이다.

"만일 우리 마음이 우리를 책망할 것이 없으면 하나님 앞에서 담대함을 얻고 무엇이든지 구하는 바를 그에게서 받나니 이는 우리가 그의 계명을 지키고 그 앞에서 기뻐하시는 것을 행함이라"요일 3:21-22.

하나님과 사람 앞에서 아름다운 물질 관계를 유지하는 것은 기도에 상당한 용기와 힘을 실어 주고 응답의 믿음을 크게 북돋워 준다. 잘못된 물질관이 바르게 개선된 후에야 비로소 하나님 앞에 나아가 기도할 수 있게 되고 하나님의 풍성한 은혜를 덧입을 수 있다.

뮬러, 그는 어느 누구보다도 물질에 깨끗한 사람이었다. 하나님의 거룩함을 닮았던 사람이었다. 하나님과 주위 사람, 그리고 자신의 양심 앞에서 한 점 부끄러움이 없는, 거룩한 흔적을 지닌 믿음의 사람이었다. 수직적 관계만 강조하는 신비주의의 한계도 경계했으며, 수평적 관계만 강조하는 무신론 휴머니즘도 철저히 경계했다. 작은 물질적인 죄의 결탁이 삶의 모든 영역으로 창궐할 수 있음을 직시하며 주의했다. 그렇게 깨끗한 신앙이 계속 유지될 수 있었던 것은 먼저는 하나님의 은혜요, 그 다음은 말씀과 기도로 자신의 욕심을 끊임없이 물리치며 투명하고도 거룩한 삶에 힘썼기 때문이다. 바로 그런 기도의 사람, 뮬러에게 하나님은 더욱 풍성한 응답의 손길을 보여 주셨다.

chapter 17
하나님의 뜻을 추구함

조지 뮬러, 그는 자신의 뜻보다
하나님의 뜻을 더 추구했다.

자신의 요구보다
주님의 요구를 먼저 생각하고
주님의 뜻을 구하는 사람은
하나님 앞에 크게 인정받고
사랑받을 수 있다.

하나님의 뜻을 추구하며 분별함

뮬러가 남긴 수많은 저서들과 그를 알고 있는 주변 사람들의 말을 들어보면, 그가 얼마나 하나님의 뜻을 추구했는지 알 수 있다.

주님은 성경에 약속하신 것처럼, 우리가 예수 그리스도로 말미암아 하나님과 화목하게 된 사실을 알고 믿으며 그분의 뜻을 따라 구하기만 하면 그분의 때에 넘치게 축복하신다.

뮬러는 무슨 일이든 하나님께 기도로 여쭈었고, 하나님의 뜻을 확인한 후에야 일을 시작하고 추진했다. 고아원 설립 문제에 대해서도 자신이 생각하고 판단해서 실행에 옮기지 않았다. 아무리 선하고 좋아 보이는 일도 하나님의 확실한 뜻이 아니면 결코 시작하지 않았다.

뮬러가 고아원을 세우기 전에 하나님의 분명한 뜻을 알기 위해 어떤 준비를 했을까?

> 고아원 설립 문제에 대해 이제 더 이상 생각만 하지 말고 실제로 계획을 세우기 시작해야겠다는 마음이 오늘따라 강하게 일어났다. 그래서 이 문제를 놓고 주님의 뜻을 구하기 위해 많은 시간을 기도하면서 보냈다.

고아원을 세워야겠다는 마음이 더욱더 강해졌다. 그런데도 여전히 기도하며 기다렸다. 이틀이 지난 후, 그는 이렇게 기록하고 있다.

> 고아원 문제로 어제 오늘 또 많은 시간을 기도했다. 그 일을 하나님이 원하신다는 강한 확신이 들었다. 주여, 긍휼을 베풀어 저를 인도해 주소서!

이렇게 기도했음에도 불구하고 뮬러는 여기서 기도를 멈추지 않았다. 그 후 사흘이 지났을 때, 그는 이렇게 기록했다.

> 나는 이번 주에 매일같이 고아원에 대해 기도했는데, 만일 주님이 이 일을 원하지 않으신다면 이 모든 생각을 거두어 달라고 주님께 간구했다. 계속해 내 마음의 동기를 살펴본 후에는 이 일이 하나님께로부터 온 것이라는 확신이 일어났다.

그런 후에야 비로소 고아원을 세우게 된 것이다.

이런 모습에서 뮬러가 얼마나 하나님의 뜻을 귀하게 여겼는지 알 수 있다. 이처럼 모든 일에 있어서 그는 몇 번이고 하나님의 뜻을 확인한 후에야 비로소 그 일을 추진했다.

　하나님의 뜻을 추구하는 이런 마음이 얼마나 하나님 앞에 소중히 여겨졌겠는가? 하나님의 뜻을 추구하는 동안 하나님의 신비한 후광이 따른다. 하나님은 뮬러의 아름다운 마음 중심을 다 읽고 계셨으며, 그의 기도에 대해 무엇이든지 응답해 주실 준비를 하고 계셨다.

　사람들은 쉽게 자기의 뜻을 포기하지 않는 경향이 있다. 자신의 판단과 고집을 내세운다. 그러나 무수한 기도 응답을 받은 뮬러는 하나님의 뜻을 위해 자신의 뜻을 기꺼이 포기했다. 자신의 욕망이 아닌 하나님의 더 오묘하고도 심오한 뜻을 추구했던 것이다.

　그는 항상 이렇게 기도했다.

　"주님, 제가 이 일을 계속하는 것이 주님의 뜻이라는 것을 확신할 수 있다면 기꺼이 그렇게 하겠습니다. 그러나 이 일이 헛되고 미련하며 오만한 생각에서 비롯된 것이고 주님의 뜻이 아니라면 저는 이 모든 계획을 깨끗이 취소하겠습니다."

　뮬러는 작은 일이든 큰일이든 하나님의 뜻을 끊임없이 물었다. 또한 다른 사람들에게도 그렇게 할 것을 권면했다. 한 예로 배우자 선택에 관해 다음과 같이 권고했다.

　결혼이란 인생사에 있어서 가장 중요한 일 중 하나이다. 충분한 기도 없이 성급하게 결정할 일이 아니다. 이 결정에 의해 행복, 사역, 하나님을 위한 삶, 나아가 자신의 인생 자체가 바뀔 수 있다. 그러므로 가장 조심스럽게 기도하면서 선택해야 한다. 외모나 나이, 경제력이나 학력이 결혼의 조건이 되어서는 안 된다.

하나님의 자녀들은 먼저 주님의 인도하심을 믿고 오래 기다려야 하며, 둘째는 하나님의 인도하심에 순종할 마음의 준비가 되어 있어야 한다. 셋째로, 배우자가 될 사람은 그리스도인으로서 조금도 의심 없이 하나님을 경외하는 경건한 사람이어야 한다는 것이 절대적으로 중요하다. 그렇게 기도하면서 과연 내게 적합한 사람인지 숙고해야 한다. 예를 들면, 교육을 많이 받은 사람이 전혀 교육을 받지 못한 사람을 선택하는 것은 지혜롭지 못하다. 배우자는 열심히 노력해서 약점을 덮어 주려 한다 할지라도 자녀들에겐 상당히 어려운 일이 될 것이기 때문이다.

1843년경 뮬러는 네 번째 고아원을 설립하는 문제를 가지고 하나님 앞에 기도했다. 그때의 상황을 이렇게 기록하고 있다.

아무리 여러 가지가 결정적이라 하더라도 성령의 인도하심이 없었다면 사역을 확장해야 한다고 확신할 수 없었을 것이다. 나는 아무에게도 말하지 않고 매일 기도만 드렸다. ……하지만 상당한 장애물이 생겼다. 그래도 당황하지 않았다. 이렇게 기도드렸다. "주님, 주님이 새로운 고아원을 필요로 하지 않으신다면 저도 필요 없습니다." 나는 주님의 뜻을 행하려 했고 주님 안에서 기뻐하고자 했다. ……하나님의 뜻이기 때문에 우리는 그 일을 해야 한다. ……우리가 세상 일에 종사하는 것이 우리를 향하신 주님의 뜻이기 때문에 그렇게 한다면, 하나님께서는 분명하게 필요한 것들을 공급해 주실 것이다. 우리가 그분께 순종해 일하기 때문이다.

환난 중에도 주님의 뜻을 구함

1853년 6월경 뮬러의 가정에 또 하나의 큰 풍랑이 일어났다. 하나밖에 없는 딸이 병으로 눕게 된 것이었다. 처음엔 심하지 않았으나 발진티푸스로 발전되더니 점점 심해지면서 전혀 회복될 기미가 보이지 않았다. 이 일은 뮬러 부부에게는 대단히 큰 믿음의 시련이었다. 그러나 뮬러는 믿음으로 극복할 수 있었다. 뮬러 부부는 온전히 주님의 손에 아이를 맡겼다. 당시 뮬러는 이렇게 고백했다.

그렇게도 사랑하며 귀여워하는 외동딸이 거의 죽게 되었지만 내 마음은 온전히 평안했고 결국에 가서는 이 아이와 우리 부부에게 최선의 것으로 주실 하나님의 뜻을 생각하며 만족했다. 아이는 그 후에도 심하게 앓았지만 점차 조금씩 회복되었다. 아이의 치유를 위해 클레브돈으로 옮겼다. ……그렇게도 사랑하는 하나밖에 없는 아이가 얼마나 귀중한지 부모 된 사람은 알 것이다. 또한 신앙을 가진 부모의 신앙을 가진 아이가 그러할 때 어떻게 해야 할 것인지도 알 것이다. 하늘에 계신 아버지께서는 그 정하신 경륜을 따라 일하시면서, "이 아이를 내게 바칠 각오가 되어 있느냐?"고 물으셨다. 내 마음은 고요히 대답했다. "하늘에 계신 내 아버지시여, 아버지께서 좋게 여기신다면 뜻대로 하옵소서." 아이를 주신 분께 다시 돌려드릴 마음 자세가 되었을 때 하나님은 딸을 우리 가정에 남겨 두었다. 아이는 살아났다 (시 37:4, "여호와를 기뻐하라 그가 네 마음의 소원을 네게 이루어 주시리로다"). 내 마음의 소원은 하나님의 뜻이라면 아이를 데리고 있는 것이요, 그 방법은 하나님의 뜻에 만족하는 것이었다.

하나님의 뜻을 위해 내 뜻을 기꺼이 포기할 준비가 되어 있는가? 내 뜻이 충분히 포기되었을 때 하나님의 뜻이 충분히 드러날 것이다. 내 주장을 먼저 포기할 때 비로소 주님의 뜻을 구할 수 있으며, 주님의 기적과 응답을 체험할 수 있는 길이 열리게 된다. 삶이 고달프고 험악해도 하나님의 뜻을 꾸준히 추구하며 나아갈 때 하나님은 내 생각보다 훨씬 더 나은 길을 예비해 주신다. 하나님의 뜻이 즉시 드러나지 않는다고 해서 낙망하지 말라. 하나님께서는 기도하며 기다리는 자에게 적절한 때에 친히 그 증거를 보여 주신다.

세상 사람들은 어여쁜 용모와 맵시에 쉽게 눈길을 돌린다. 그러나 하나님은 그 사람의 내면이 하나님의 맵시를 추구하는지 눈여겨보신다. 그 고원하고도 영구적인 맵시는 바로 하나님의 뜻이다. 하나님의 뜻이 우리가 추구하는 맵시의 중심이 되어야 한다. 하나님의 뜻이 최고의 매력인 것이다.

그런데 주의해야 할 것이 있다. 사람들은 때때로 열망만 있으면 무엇이든지 하나님의 뜻으로 여기고 그 일에 뛰어들었다가 오히려 낭패를 보는 경우가 종종 있다. 하지만 뮬러는 하나님의 분명한 인도가 없는 한 자신의 열망만 가지고 사역에 뛰어드는 실수를 범하지 않았다.

1835년 1월, 기도 일기에 다음과 같은 내용이 적혀 있다.

"내가 선교사로 동인도에 가서 일하는 것이 과연 주님의 뜻인지 확인하기 위해 기도해 왔다. 나는 진정 선교사로 나가고 싶었다."

다음날 다시 이렇게 기록했다.

"나는 캘커타에 선교사로 나가는 문제를 놓고 정신 없이 기도에 열중했다. 이 문제에 대해 주님께서 인도해 주시기를."

그 후 42년이라는 세월을 보낸 후에 자신의 과거를 회상하며 그는 이렇게 이야기했다.

"1835년 초에 계속되었던 내 진지한 기도와 선교사로 나가고 싶었던 내 개인적 열망에도 불구하고 주님은 나를 보내지 않으셨다. 만일 그것이 주님의 뜻이었다면 왜 보내지 않으셨겠는가?"

그는 42년의 세월과 그 뒤 주님의 품에 안길 때까지 21년 동안 개인적으로 열망했던 선교사의 일보다 오히려 수십 배, 수백 배가 넘는 훨씬 효과적인 선교 사역을 감당했다. 그는 브리스톨에 남아 있었지만 기도로 더 많은 일들을 했다. 성서연구회를 설립하고 선교사를 지원하며 쓴 재정만 해도 무려 750만 달러가 넘었다. 그의 인생 황혼기라 불리는 마지막 20여 년의 기간에는 세계 곳곳을 다니며 주님의 복음을 전했다.

하나님의 뜻을 알기 위한 방법

뮬러는 하나님의 뜻을 알기 위한 방법을 7가지 제시했다.

첫째, 말씀을 정규적으로 묵상하라.

뮬러는 하나님 말씀을 읽고 묵상하는 가운데 하나님의 뜻을 자주 발견했다. 말씀으로 인도받는 일이 고아원 사역에서 가장 중요한 일이었다. 말씀이 그 등이 되었고 그 길에 빛이 되었다. 말씀은 뮬러의 판단과 사역에 지대한 영향을 미쳤다.

둘째, 기도로 성령의 내적 음성을 들어라.

그는 성급히 사람들을 찾아가 이 일이 주님의 뜻인지 물어보지 않았다. 언제나 먼저 하나님 앞에 나아가 무릎을 꿇었다. 뮬러는 성령께 자주 질문을 던졌고, 그분은 뮬러에게 해결책을 제시해 주셨다. 기도할수록 성령의 도우심으로 더 많은 것을 깨달았다. 그분은 지혜를 주시고 판단력을 주셨으며 일을 잘 처리하고 해결할 수 있는 은혜까지 베풀어주셨다. 하나님은 골방에서 은밀히 기도하는 뮬러에게 그분의 뜻을 자주 보여 주셨다.

> 나는 몇 시간 동안 기도한 다음 주님께서 건물을 짓게 인도하시리라는 것을 깨달았다. 또한 주님의 뜻으로 고아들에게 은혜를 베풀기 원하실 뿐만 아니라, 주님께서 더 큰 것을 주실 수 있으며 또 그렇게 하시리라는 것을 밝히기 원하심도 깨달았다. ······우리는 15일 동안 아침마다 기도회를 가졌다. 그러나 돈은 한 푼도 들어오지 않았다. 그래도 나는 실망하지 않았다. 기도하면 할수록 더욱 주님이 자금을 제공해 주시리라고 확신할 뿐이다.

셋째, 성령이 주시는 내적 평강을 소중히 여기라.

뮬러는 사람이 보기에 아무리 합당하고 좋은 일이라도 심령 깊은 곳에 성령의 평강이 임하지 않을 때는 일을 추진하지 않았다. 불안이나 의심이나 두려움 같은 요소들이 발견되면 계획했던 일을 추진하지 않고 계속 기다렸다. 그런 후 평강이 임한 후에야 일을 추진했다.

넷째, 하나님께 기도하면서 동기를 면밀히 점검받으라.

뮬러는 어떤 일을 하고자 할 때, 그 동기를 자주 기도 가운데 살폈으며 그 목적이 하나님 앞에 합당한가를 면밀히 검토했다. 혹시 자신의 심중에 극히 작은 부분일지라도 잘못된 욕심의 그림자가 있다면 그것을 먼저 제거한 후에야 일을 추진했다.

다섯째, 어떤 상황에서도 주님 한분만을 바라보라.

뮬러는 1842년 1월까지 매일매일 고아들에게 필요한 분량만큼 지원을 받아 왔으나 2월 5일경 갑자기 위기를 맞았다. 지출 경비를 조금이라도 충당할 방법조차 없었다. 세상적인 모든 방법을 포기한 대신 오직 여호사밧처럼 주 하나님만 바라볼 뿐이었다(대하 20:12, "어떻게 할 줄도 알지 못하옵고 오직 주만 바라보나이다"). 그리고 기도한 대로 무사히 도와주시리라 확신했다. 과연 자비하신 주님께서는 필요로 쓸 물품들을 기적처럼 무사히 공급해 주셨다.

여섯째, 성령 안에서 일을 시작하고 진행하라.

뮬러가 하나님의 뜻을 정확하게 알고 추진할 수 있었던 것은 성령 안이었기에 가능했다. 만일 뮬러가 성령 밖에 있었더라면 하나님이 기뻐하시는 뜻을 아무것도 수행하지 못했을 것이다. 그는 성령을 매우 가까이하며 성령 안에서 생각하고 말하고 행동했다. 그렇게 함으로써 하나님의 기쁘신 뜻을 이루는 데 크게 쓰임받은 것이다.

일곱째, 환경을 주장하시는 하나님의 손길을 바라보라.

뮬러가 섬긴 하나님은 요술을 부리는 하나님이 아니라 인간이 처한 환경을 다스리시고 그 인생을 이끄시는 분이셨다. 하나님께서 뮬러를 인도하실 때는 간혹 환경을 통해서도 깨닫게 하셨다. 때로 그분의 뜻에 합당하지 않을 때는 환경을 통해 막으시는 경우도 있었다. 뮬러는 그 사실을 잘 알고 환경을 변화시키시고 선한 길로 인도하시는 하나님의 손길을 늘 바라보았다. 거기서 하나님의 뜻을 감지할 수 있었다.

뮬러, 그는 하나님의 뜻을 남달리 추구한 믿음의 사람이었다. 그는 아침부터 저녁까지 또한 일생을 다하도록 하나님의 뜻만 추구하며 살았던 무척 아름다운 신앙의 사람이었다.

chapter 18

포기하지 않는 믿음과 기도

조지 뮬러, 그는 응답받을 때까지
결단코 포기하지 않는 인내의 믿음을 소유했다.

응답될 때까지 포기하지 않는
믿음과 인내를 가지고
마지막 순간까지
신뢰하며 기다리는 사람들이
기도 응답에 승리한다.

뮐러의 인내심

뮐러의 기도의 특징은 오래오래 기다리는 인내심이 있었다는 것이다. 인내심이 없었다면 그는 기도의 사람이 될 수 없었을 것이다. 그의 기도 자료들을 연구해 보면 그가 얼마나 인내하며 기도 응답을 기다렸는지 알 수 있다. 그의 기도는 바로 응답받은 것들도 있지만, 많은 기도 제목들은 오랜 시일이 지나서야 응답의 은혜를 맛보았다. 응답의 때를 기다리기까지 얼마나 많은 눈물과 얼마나 많은 수고가 있었는지 주님 외에 누가 알 수 있으랴!

첫 번째 고아원을 준비하는 가운데 뮐러는 놀라운 응답을 받았다.

나는 필요한 액수를 놓고 447일간 하루도 빼지 않고 주님께 간구하며 응답을 기다려 왔다. 하나님을 신뢰하고 인내로 기다리면서 받은 축복이 얼마나 큰지! 나는 그 응답으로 9,285파운드의 물질을 받게 되었다.

그는 제 2, 3호 고아원을 세우면서 이렇게 고백했다.

하나님의 은혜로 11년이 넘는 세월 동안 조금도 의심하지 않고 계속 간구했을 때 주님은 응답하셨다! 나는 오직 하나님의 영광만을 위해 간구를 드린 것이다.

그의 기도는 평탄한 환경에서 나오지 않았다. 기도를 중단할 수밖에 없는 열악한 환경에서도 기도를 멈추지 않았다. 남들이 다 포기했을 때에도 그는 포기하지 않았다. 오히려 주위 사람들을 일으켜 세우며 기도의 힘을 나누었다. 기도를 시작하면 응답을 맛보기까지 멈추지 않았던 것이다. 그는 해결의 실마리가 하나도 없는 상황에서도 자신이 기도한 것들에 대한 하나님의 응답을 조금도 의심하지 않았다.

뮬러가 경험한 기도 응답 가운데 이런 이야기가 있다.

뮬러는 다섯 친구를 위해 기도하기 시작했다. 어려운 환경 가운데서도 그 다섯 영혼을 위해 꾸준히 기도했다. 그러나 1년이 되었지만 아무런 응답이 없었고 한 사람도 돌아오지 않았다. 그래도 뮬러는 낙망하지 않고 계속 그들을 위해 기도했다.

1년 6개월이 지난 어느 날, 한 친구가 복음을 받고 그리스도인이 되는 기적이 일어났다. 뮬러는 하나님 앞에 감사를 드렸다. 그런데 아직도 네 친구는 그리스도 밖에 남아 있었다. 뮬러는 그 네 친구를 위해 계속 기도했다.

무려 3년이라는 세월이 흘렀으나 여전히 네 친구는 그리스도 밖에 있었다. 인내가 부족한 사람 같으면 여기서 기도를 포기했을지도 모른다. 하지만 뮬러는 계속 기도했다. 어느덧 5년이라는 긴 세월이 흘렀다. 그런데 놀랍게도 그 해에 두 번째 친구가 복음을 듣고 변화를 받아 하나님의 자녀가 되었다.

뮬러는 응답해 주신 하나님께 감사를 드리고, 계속해 남은 세 영혼을 위해 기도했다. 그러던 어느 날 하나님께서 세 번째 친구를 감동시키셔서 6년 만에 또 한 영혼이 구원받는 기적이 일어났다. 그러나 아직도 두 친구는 불신자로 남아 있었다. 뮬러는 그 두 영혼의 구원을 위해 여전히 포기하지 않고 이름을 불러가며 계속 기도했다.

하지만 무려 24년이 되어도 두 사람은 돌아오지 않았고, 1897년뮬러가 부름받기 한 해 전까지만 해도 여전히 불신자로 남아 있었다. 그런데 놀랍게도 뮬러가 세상을 떠나기 바로 직전에 한 친구가 주님을 영접함으로 구원을 받았다.

나머지 한 친구는 어떻게 되었을까? 안타깝게도 뮬러가 살아 있을 동안에는 구원을 받지 못했다. 그러나 자비하신 하나님은 뮬러가 오랫동안 기도해 온 눈물과 수고를 잊지 않으시고 마지막 친구를 구원의 길로 인도하셨는데, 그는 뮬러가 죽은 지 몇 달 뒤 주님을 영접했다.

비록 뮬러는 다섯 번째 친구가 구원받는 것을 보지 못한 채 눈을 감았지만 자비하신 하나님께서는 오래 참고 기다리며 간구한 뮬러의 기도를 하나도 외면하거나 잊지 않으셨다. 하나님께서 얼마나 기도 응답에 신실하신지 그분을 찬양하지 않을 수 없다!

들려오는 말에 의하면 뮬러가 죽기 전까지 무려 52년 동안 그 친구를 위해 기도했다고 한다!

이처럼 기도 응답은 굳센 믿음을 가지고 인내하는 사람들의 것이다. 응답을 받기까지 결단코 포기하지 않는 믿음을 소유한 사람들의 열매인 것이다. 하나님은 뮬러의 기도와 그 인내를 보시고 기꺼이 응답하시되 역사 대대로 귀감이 되게 하셨다.

기도는 어느 한 때의 것이 아니다. 기도는 계속되어야 하며, 반드시 믿음으로 기도하며 인내로 기도하는 자에게 응답의 보상이 돌아온다.

뮬러의 일기를 보면, 70세가 넘은 한 할머니는 무려 38년간 남편을 구원해 달라고 매일같이 기도했는데, 그 끈질긴 믿음의 기도를 하나님께서 결국 들어주셨다고 한다.

한 그리스도인은 유교 사상이 철저한 남편의 구원을 위해 매일 눈물로 기도했다. 그 후 10년이 지나서야 응답의 열매가 돌아왔다.

한 그리스도인은 자녀의 구원을 위해 평생 동안 기도했다. 안타깝게도 그는 자녀가 구원받는 것을 보지 못하고 하늘나라로 갔다. 그러나 자비하신 하나님은 그가 세상을 떠난 후 자식으로 하여금 깨닫게 하셔서 참된 그리스도인이 되게 하셨다.

외국에 있는 한 신학교에서 존 월부르드 박사는 아들의 구원을 위해 60년간이나 기도한 어머니의 이야기를 했다. 그녀는 죽기 일주일 전, 아들로부터 구원받았다는 장거리 전화를 받았다. 하나님은 포기하지 않고 기도한 어머니의 기도를 들으시고 놀랍게 응답하셨던 것이다.

이처럼 기도는 어느 한 가지도 무가치한 것이 없다. "기도는 저축이다."라는 말은 과연 생명력이 있는 금언이다.

낙망하지 않는 기도

한 가지 중요한 기도의 원칙은 낙망하지 않고 계속 기도하는 것이다. 즉 포기하지 않고 기도하는 것이다. 하나님은 어린아이의 기도조차 하나도 땅에 떨어지지 않게 하시는 분으로 사랑과 자비가 풍성하시다. 생활 속에서 하나님을 끝까지 신뢰하며 기다리는 일은 대단히 귀중하다. 참된 기도는 낙망하지 않는다. 실망할 만한 상황에서도 실망하지 않는 것이 큰 믿음의 증거이다.

하나님을 진정으로 사랑하는 자는 그분이 언제 응답을 주시든 의심하지 않고 계속 신뢰하며 기다린다. 진정으로 사랑하는 사람끼리는 모든 일에 오래 참는다. 마찬가지로 하나님을 사랑하는 사람은 응답이 아무리 늦어져도 인내하고 기도하면서 기다린다. 한 가지 분명한 것은 기도하면서 믿음으로 기다리는 자에게는 반드시 응답이 주어진다는 사실이다. 문제는 그리스도인들이 기다리면서 많은 유혹을 받는 것이다. 하지만 그 유혹을 철저히 몰아낸다면 분명히 승리할 것이다.

기도, 가장 소중한 도구

하나님은 특별히 뮬러의 기도를 그분의 엄청난 사역을 이루는 데에 커다란 도구로 사용하셨다.

기도는 어느 시대나 무슨 일에나 가장 중요한 역할을 수행하는 도구가 되어 왔다. 죄책감에서 자유를 누리게 하는 도구로, 불행한 가정을 행복한 가정으로 변화시키는 도구로, 완악한 자녀를 믿음의 자녀로 변화시키는 도구로, 질병을 근원적으로 치료하는 도구로, 가난을 극복하게 해주는 도구로, 이웃과의 관계를 아름답게 만들어 주는 도구로, 극한 환난에서 건짐받게 해주는 도구로, 인생의 길을 밝게 비춰주는 도구로, 모든 일을 성공적으로 수행할 수 있도록 하는 도구로, 염려와 고통을 능히 극복할 수 있게 해주는 도구로, 하나님의 지혜를 풍성히 얻게 하는 도구로, 감정을 아름답게 조절할 수 있는 도구로, 원수를 하나로 만드는 화목의 도구로, 하나님의 은사를 체험하게 하는 도구로, 하나님의 말씀을 깨닫는 도구로, 하나님의 큰 역사를 자주 불러일으키는 도구 등으로 사용되었다.

포기하지 않는 믿음

조지 뮬러, 그는 결코 포기하지 않는 강한 믿음을 소유했다. 거기서 얻은 열매로 영국의 고아들과 전세계에 있는 수많은 사람들에게 희망과 꿈을 심어 주어 하나님의 영광을 찬란하게 드러냈다.

뮬러, 그는 결코 포기하지 않는 강한 믿음을 갖고 위대한 일을 꿈꾸고 이루었다. 무엇보다도 믿음을 잃어버리도록 방치해서는 안 된다. 항시 경계를 늦추어서는 안 된다. 뮬러는 농부가 씨를 뿌리고 추수할 날을 끈기 있게 기다리듯이 하나님을 간절히 의지하며 기다렸기에 뚜렷한 열매를 보았다. 사람이 생각하기에 늦은 것처럼 보일 때도 하나님의 도움은 결국 이루어진다.

그는 '기도를 시작한다는 것' 그 자체로 만족하는 일이 없었다. 또한 '바르게 기도한다는 것' 그 자체로 만족하지 않았다.

올바르게 기도한다는 것도, 얼마 동안 기도를 계속한다는 것도 충분치 않다. 우리는 응답을 받을 때까지 믿음을 가지고 꾸준히 기도해야 한다. 더 나아가서는 끝까지 기도를 계속할 뿐만 아니라, 하나님께서 우리의 기도를 들으시고 응답해 주시리라는 것을 분명히 믿어야 한다. 대부분의 경우 우리는 축복을 받을 때까지 기도를 지속하지 못하고 축복을 꾸준히 기대하지도 못한다.

포기하지 않는 믿음으로 기다리는 일에 승리한 뮬러, 그는 무수한 응답을 체험하며 수많은 고아들을 성공적으로 길러냈다. 그는 이렇게 고백했다.

기도 응답이 이루어질 때 얻는 기쁨은 형용할 수 없다! 하나님은 나를 한 번도 실망시키지 않으셨다. 40년간의 사역의 역사가 주님의 신실하심을 보여 주는 산 증거이다!

사역 후반기에 남긴 기록에서는 이렇게 고백했다.

지금까지 50년 동안 그분의 은총으로 진행해 왔다. 나는 내가 필요로 하는 모든 것을 신실하신 그분께 전적으로 의지하며 걸어왔다. 그리고 이 길을 계속 갈 수 있는 이유는 오직 그분의 도우심으로 말미암기 때문임을 점점 더 확신한다. 나 홀로 버려진다면, 하나님과의 교제에서 행한 너무도 긴 체험을 값지게 소유한 이후에조차도 여전히 그분을 전폭적으로 의지하는 길을 포기하려는 유혹을 받게 될 것이기 때문이다. 그러나 그분께 찬양을 드리는 것은 내가 반 세기 이상 동안 포기하기를 바란 적이 결코 없었다는 점이다.

이제 우리는 뮬러의 삶에서 이루어졌던 믿음의 역사가 재현될 수 있도록 이렇게 기도할 수밖에 없을 것이다.
"주님, 믿음과 기도의 삶만은 결코 포기하지 않도록 제 일생을 붙들어 주소서!"

chapter 19
기도를 기록하고 점검하는 습관

조지 뮬러, 그는 기도 제목을 기록하고
응답을 확인하는 습관을 가졌다.

기도 응답을
자주 체험했던 사람들의 중요한 특징은
기도 노트를 준비해
구체적인 제목과 기도의 시작 날짜
그리고 응답받은 사실들을
기록하며 점검하는 일이었다.

뮐러의 기도 수첩

뮐러는 구체적인 기도 제목들을 기록해 놓고 그 기도 수첩을 보고 응답을 확인하며 매일 그리고 지속적으로 기도했다. 기도는 그의 삶 자체였다. 구체적인 하나님을 구체적으로 체험하려고 구체적인 기도 전략을 수립한 것이 바로 '기도 수첩'이었다.

예를 들면, 시편 65:2의 "기도를 들으시는 주여"라는 구절을 오랫동안 묵상한 후에 그는 즉시 기도하고 확실한 기도 제목들을 기록했다.

> 나는 그분이 내 기도를 들으셨음을 믿는다. 나는 하나님께서 내 기도를 응답하신 사실을 그분의 때에 맞춰 알려 주시리라 믿는다. 그래서 하나님께서 내 간구에 응답하셔서 이 일을 통해 그분의 이름이 영화롭게 될 수 있도록, 1838년 1월 14일에 드렸던 이 기도들을 기록했다.

이처럼 뮬러가 기도 제목들을 기록해 항상 참고할 수 있도록 한 것이 기도 응답에 놀랄 만한 영향을 끼친 것으로 알려지고 있다.

많은 사람들은 기도 목표를 세우지 않은 채 허공을 향해 기도하다가 쉽게 좌절의 늪에 빠지곤 한다. 경주하는 자가 규칙과 목표 지점 없이 진행한다면 좋은 점수를 얻기는커녕 고생만 실컷 하다 쓰라린 패배의 잔을 마시게 될 것이다. 마찬가지로 분명한 기도 목표를 뚜렷하게 설정하지 못하면 그만큼 기도에 소홀하게 되고, 비록 기도하더라도 응답의 맛을 누리기 어려울 것이다.

뮬러의 경험에 의하면, 기도를 기록하는 습관은 기도 생활에 분명히 도움이 된다는 것이다. 마음에만 생각하고 기도하는 것과 기록해 눈으로 보면서 기도하는 것에는 많은 차이가 있다. 생각만으로 기도하다 보면 기도할 것을 빠뜨리는 경우도 있고 기도를 등한시할 우려가 있으며, 나아가 환경이 어려워지기라도 하면 기도를 쉽게 포기할 수 있어 결국 하나님의 응답을 놓치게 된다.

그러나 기도 제목들을 기록해 두고 그 기록을 보면서 기도한다면 더욱 기도하고 싶어지고, 빠뜨리지 않고 더욱 간절히 인내하며 기도하게 된다. 기도 대상에 대해서도 더 큰 관심을 갖게 되고, 기도의 결과를 세밀하게 관찰할 수 있다. 무엇보다 하나님의 응답의 손길을 친히 확인할 수 있어 놀라운 기쁨을 자주 체험하게 된다. 더불어 하나님과의 관계도 훨씬 아름다워지고, 교제도 점점 깊어져 하나님의 능력과 응답을 더욱 자주 체험하게 된다.

뮬러는 기도 제목과 응답을 확인하는 정도의 차원을 넘어서 기도 일기를 남긴 믿음의 사람이다. 기도 일기까지는 쓰지 못하더라도 기도 제목이라도 수첩에 적어 놓고 기도하면 좋을 것이다.

뮬러의 기도 목록에는 응답이 이루어지기까지 1년, 2년, 3년, 10년 혹은 그 이상으로 기도한 대상자 명단과 내용들이 기록되어 있다. 어떤 사람을 위해서는 50년이 넘게 계속 기도를 드렸다. 죽기 전까지 기도드린 것이다. 그는 죽음이 임박했을 때도 여전히 기도한 것이 다 응답되리라고 확신했다. 그의 기도 생활은 젊은 한 때의 것이 아니었다. 인생의 황혼기에도 여전히 기도 수첩을 이용했고, 세상을 떠나기 전까지도 믿음의 기도를 멈추지 않았다. 이는 그의 믿음이 변함없이 살아 있었다는 강력한 증거이다.

1938년 1월경에 그는 일기에 이렇게 기록하고 있다.

나는 시편 64, 65편을 놓고 3시간 동안 묵상하며 기도했다. "기도를 들으시는 주여" 시 65:2라는 소중한 말씀을 붙잡고 나는 주님께 간구했다.
첫째로, 몸이 불편한 가운데에서도 순종하며 인내함으로써 주님을 영화롭게 할 수 있는 은혜를 주시도록.
둘째로, 나와 크레이그 형제를 통해 브리스톨에 처음 왔을 때와 같이, 아니 그보다 더욱 강하게 전도 사역이 멈추지 않고 지속될 수 있도록.
셋째로, 지금까지 채워 주셨던 것보다 훨씬 풍성하게 영적 성장이 우리 교회에 일어날 수 있도록 축복해 주시기를.
넷째로, 주님의 풍성한 은혜가 이 작은 사역에 충만해 이 사역을 통해 많은 사람들이 주님을 알게 되고 도움을 얻을 수 있도록.

다섯째로, 우리가 돌보고 있는 모든 아이들이 구원받을 수 있게 되기를.

여섯째로, 이 사역이 계속되고 확장될 수 있도록 주님께서 우리에게 필요한 모든 것들을 채워 주시기를.

나는 하나님께서 내 기도에 응답하셨다고 믿는다. 하나님께서는 그분의 때에 내 기도에 응답하셨다는 것을 확실히 드러내실 것이다. 하나님께서 내 기도에 응답해 주실 때 그분의 이름에 영광을 돌리기 위해 내가 간구했던 것들을 기록해 두었다.

이처럼 뮬러는 기도 제목들을 기록해 두는 좋은 습관을 지녔다.

기도 수첩을 활용하는 8가지 방법

여기에 제시하는 방안은 수많은 응답을 체험한 기도의 위인들이 사용했던 방법으로, 모든 그리스도인들이 배워야 할 소중한 내용이다.

먼저, 작은 기도 수첩을 따로 마련해 정기적인 기도 목록을 작성한다. 물론 지금 사용하고 있는 수첩을 그대로 활용해도 된다. 하지만 작더라도 정성스럽게 따로 마련하는 것이 지혜롭다. 그 수첩에 가족의 중대한 기도 제목들, 즉 구원 문제나 질병 문제를 기록할 수도 있고, 가까운 친척, 가까운 친구들, 주의 사역자들, 그리고 능력과 특별한 은사와 사랑을 얻기 위해 기도 제목을 기록할 수도 있다.

둘째로, 기도 수첩을 가지고 다니면서 제목이 떠오르면 무조건 수첩에 기록해 둔다. 그 가운데 결코 놓치지 말아야 하는 제목들과 그렇지 않아도 될 만큼 덜 귀중한 제목들을 따로 구분해 기록한다. 기도하는 가운데 성령의 도움을 받아 작성하면 된다. 자동차를 타고 가면서든 걸어가면서든 혹은 업무를 보거나 여행 중일지라도 항상 기도 제목이 떠오르면 즉시 기록해야 한다. 그 순간 기록으로 남겨 두지 않으면 소중한 기도 제목들을 놓칠 수 있기 때문이다.

셋째로, 중요한 기도 제목부터 우선순위를 가지고 기도 시작 날짜를 기록한다. 더 급하고 더 중한 것일수록 앞부분에 따로 구분하면 더 좋다. 그렇게 함으로써 더욱 간절한 마음을 가지게 될 뿐 아니라 하나님의 관심과 사랑까지 더욱 불러일으켜 준다. 하나님께서도 당신의 중요한 기도 제목에 대해 크게 관심을 가지시고 더 큰 응답을 예비해 주신다는 사실이 얼마나 놀라운지!

넷째로, 기도 제목들을 놓고 매일매일 하나님께 기도드린다.
하루도 빠뜨리는 일이 없도록 노력한다. 혹시나 실수로 빠뜨리게 되어도 낙망하지 않는다. 한두 번 빠진 것을 가지고 전체를 평가하시는 하나님은 아니시기 때문이다. 매일 기도하다가 성령의 감동으로 거리낌이 있는 기도 제목, 필요 없는 기도 제목들욕심에서 일어난 잘못된 기도 제목들이 발견되면 늦더라도 과감하게 수정하거나 삭제한다.

다섯째로, 제목 한쪽 여백에 약속 말씀의 성구를 기록해 둔다. 그리고 그 말씀을 굳게 붙잡고 기도한다. 이는 더욱 효과적인 응답을 받기 위함이다. 하나님의 약속 말씀을 붙잡고 기도드리면, 그만큼 하나님의 허락과 돌보심을 보장받을 수 있는 보증 수표가 되어 응답의 충분한 근거가 된다. 하나님께서는 그분의 약속을 붙들고 부르짖는 자의 소원을 외면하는 일은 결코 없으시다.

하나님의 약속을 가지고 기도하는 것과 그렇지 않은 것의 차이는 실로 엄청나다! 예를 들어, 만일 믿음이 부족하다면 "주께 여짜오되 우리에게 믿음을 더하소서"눅 17:5라는 성구를 기록하고 그 약속의 말씀을 가지고 기도하는 것이다. 그러면 훨씬 더 힘이 있다. 거기에 기도할 이유가 있고 응답의 소망이 주어지는 것이다.

만일 질병 치료를 위해 기도한다면, 야고보서 5:15 – 16("믿음의 기도는 병든 자를 구원하리니 주께서 그를 일으키시리라……의인의 간구는 역사하는 힘이 큼이니라")을 기록하고 그 말씀을 근거로 하나님께 나아가 기도로 호소한다. 그럴 때 더욱 분명한 응답의 역사를 체험할 수 있다.

만일 성령을 받기 위해 기도한다면, 누가복음 11:13("너희 하늘 아버지께서 구하는 자에게 성령을 주시지 않겠느냐")을 기록할 수 있다.

가족 구원을 위해 기도한다면, 사도행전 16:31("주 예수를 믿으라 그리하면 너와 네 집이 구원을 받으리라")을 기록하고 그 말씀을 붙잡고 기도할 때 더욱 믿음으로 기도할 수 있다.

그 외에도 지혜를 위해 기도한다면 야고보서 1:5을 근거로 구할 수 있고, 사랑의 회복을 원한다면 고린도전서 13장을 근거로 하나님 앞에 나아갈 수 있다. 어떤 기도 제목들도 하나님의 약속 말씀과 연관을 시켜 그 말씀을 붙들고 기도하는 습관을 들이도록 한다.

여섯째로, 기도 제목들을 잘 점검하며 어떻게 변화가 일어나고 있는지, 하나님이 어떻게 역사하시고 있는지 유심히 살핀다.

기도는 결코 하는 것으로 만족하지 말아야 한다. 기도하면서 점검하는 일이 더 중요하다. 변화의 조짐이 보이는 것도 있을 것이고, 어떤 기도 제목들은 전혀 반응이 나타나지 않는 것도 있을 것이다. 어쩌면 처음에는 모든 기도 제목들에 전혀 반응이 없을 때도 있다. 그러나 어떤 경우이든 하나님의 약속과 신실하심을 전적으로 의지하고 계속 기도로 나아간다. 이것이 중요한 열쇠이다.

특별히 경계할 것은 낙심이다. 낙심은 기도를 방해하는 가장 큰 장애물이다. 마귀가 사용하는 가장 능숙한 무기는 "너는 기도해 봐야 아무 소용없어!" 하며 의심과 낙심을 심어 주는 것이다. 마귀의 전략에 휘말려 들지 말고 그럴수록 더욱 하나님을 의지하라. 자신과 환경만 바라보지 말고, 능력 많고 사랑 많으신 하나님을 바라보며 믿음으로 계속 기도하라. 그러면 자비하신 하나님께서 당신의 기도의 수고를 기억하시고 하나도 땅에 떨어지지 않게 다 응답해 주실 것이다.

일곱째로, 하나님이 응답해 주신 것은 반드시 기도 목록 옆에 기록하고 분명하게 감사를 표현한다. 그리고 아울러 새로운 기도 제목이 생기면 그때마다 기록한다. 만일 기록하지 않는다면 하나님이 응답해 주신 사실에 얼마나 진지하게 감사할 수 있겠는가? 응답받은 사실을 점검해 하나님 앞에 감사드린다는 것은 대단히 중요한 의미가 있다. 앞으로도 계속 풍성한 응답을 받을 수 있게 하는 소중한 열쇠가 되기 때문이다.

마지막으로, 기도의 동기와 목적이 내 욕구만을 채우는 데 급급하지 않도록 하고, 오직 하나님의 영광을 높이기 위한 것임을 결코 잊지 않는다.

아무리 훌륭한 기도를 해서 많은 응답을 받았다 할지라도 그 영광을 자신에게 돌리며 자신의 기도나 경건을 과시하려는 의도가 숨겨져 있다면 모든 기도는 수포로 돌아갈 것이며 더욱 불행한 결과를 초래할 수밖에 없다. 반면에 작은 체험 하나라도 잊지 않고 감사와 영광을 하나님께만 돌리려 한다면 주님께서는 당신의 기도에 더 많은 응답을 예비하실 것이다.

하나님은 어려운 상황에서도 그분을 신뢰하며 감사로 기도하는 자의 기도 제목들에 대해서는 상당한 관심을 가지시고 응답해 주시기를 원하신다. 그분은 당신이 드린 기도의 내용들에 대해 하나라도 잊거나 실수하는 일이 없으시고 꼭 응답해 주시는 분이시다. 그 사실을 순전한 믿음으로 간직하도록 하자!

chapter 20

뮬러를 변화시킨
27가지 성경 말씀

조지 뮬러, 그의 인생 전체는 하나님 말씀에 붙잡힌 삶이었다.

하나님 말씀에 의해
지배당하는 삶은
가장 복된 삶이며
영원한 가치를 지닌 삶이다.

뮬러를 변화시킨 근원적인 힘

믿음의 사람 뮬러를 만든 근원적인 힘은 과연 무엇이었을까? 고아원 사역을 시작한 지 6년쯤 되었을 때의 그의 일기이다.

가장 중요한 일은 주님의 말씀을 읽고 묵상하는 것이었다. 그것을 통해 내 마음이 주님께 위로받고 격려받으며 때로는 경고와 채찍질도 받았다. ······나는 간혹 신앙생활 초창기에 성경 말씀을 읽고 묵상하는 것에 대한 중요성을 바로 인식하지 못했던 사실에 무척 놀라곤 했다. 외적 자아가 먹지 않고서는 아무 일도 할 수 없듯이 내적 자아 역시 그러하다. 그렇다면 내적 자아가 먹는 음식은 무엇인가? 그것은 기도가 아니라 하나님의 말씀이다. 하지만 물이 수도관을 통과하듯이 하나님 말씀이 우리 마음 안을 통과만 하도록 단순히 읽는 데 그쳐서는 안 된다. 우리가 읽는 성경 구절을 묵상하고 또한 그것을 우리 마음에 새겨야 한다.

뮬러를 만든 힘은 바로 그가 사랑해 매일 읽고 묵상하던 '하나님 말씀'이었다. 말씀이 상심의 벽을 무너뜨렸으며, 고통의 늪에서 건져 주었다. 뒤엉킨 문제의 실타래를 풀어 주었고, 절망의 계곡에서 탈출시켜 주었다. 또한 낭떠러지 같은 사념의 자리에서 일으켜 준 능력의 날개가 되었다. 뮬러는 거룩한 말씀으로 인해 맑고 깨끗한 명경지수의 자리에 이르렀던 것이다.

특별히 뮬러를 기도의 사람, 믿음의 사람, 사랑의 사람이 되게 한 성경 구절들이 있다. 그 말씀들로 뮬러는 하나님께 가까이 나아갈 수 있었고, 수많은 기도 응답을 체험할 수 있었으며, 하나님의 크신 역사에 위대한 도구로 쓰임받을 수 있었다. 그가 남긴 고백을 들어보자.

만일 설교자가 세상의 방법을 가지고 설교하려 한다면 많은 사람들, 특히 문학에 취미를 가진 사람들을 즐겁게 할 수 있을는지 모른다. 하지만 죄인들의 회개나 성도들의 믿음을 바로 세우는 일에 있어서는 하나님의 손에 붙잡힌 그분의 도구로 쓰임받기는 어렵다. 진정으로 위대한 설교자가 되게 하는 것은 웅변술도 아니며 깊은 지식도 아니다. 단지 기도와 말씀 묵상만이 주님의 도구로 쓰임받게 하며, 죄인들을 회개시키고 성도들을 변화받게 한다. ……결국 나는 설교를 중단하고 기도회를 열자고 제안했다. 기도회를 한 후 설교했을 때 성령의 특별하신 도움을 받을 수 있었다. 나는 하나님의 능력에 의해서만 목회를 해야 한다는 중요한 사실을 배워서 기쁘다. 주님을 통해서만 모든 것을 할 수 있으며, 그분이 없다면 나는 아무것도 이룰 수가 없다.

이는 기도, 성령, 말씀 이 세 가지 중 어느 한 가지도 소홀히 해서는 안 된다는 사실을 말해 준다.

뮬러는 분명 기도의 사람임에 틀림없지만 또한 무척 성경을 사랑했다. 어떤 책보다 성경을 가까이하고 많이 읽고 묵상했다. 큰 감동을 받아 자주 눈물을 흘리기도 했다. 그토록 사랑하며 정성을 다해 읽었던 성경, 거기엔 온갖 보화들이 가득 담겨져 있었다. 그는 성경을 읽고 묵상하는 시간을 자주 가짐으로써 하나님의 약속들을 확인했고 믿음을 더할 수 있었다.

그는 생애 마지막 20년 동안은 남달리 성경에 깊이 심취했다. 그 기간에만 해도 무려 100회 이상 성경을 통독했다. 그의 전생애를 합친다면 200회가 훨씬 넘을 것이다. 그중 대부분은 무릎을 꿇은 채 기도하며 읽었다고 한다. 그것도 주님의 세미한 음성을 들으면서 말이다. 그는 90세가 넘어 죽음이 임박한 시기에도 성경 묵상을 멈추지 않았고, 오히려 더욱 말씀을 읽고 묵상하는 일에 전념해 진정 말씀에 붙들린 사람으로서 생애의 최후를 아름답게 장식했다.

뮬러를 변화시킨 27가지 성경 말씀

퇴화된 세상의 것들은 뮬러를 변화시키지 못했다. 하지만 살아 있는 말씀은 일찍부터 그의 영을 어루만지며 수술하기 시작했다. 이곳에 실린 성경 구절들은 뮬러를 믿음의 사람이 되게 하고 그의 전생애를 변화시킨 능력의 말씀들이다. 뮬러가 평소에 자주 묵상한 성경 말씀 가운데 그의 생애를 좌우했던 금맥 구절들을 살펴보자.

1. 구원을 발견하게 해준 구절

하나님이 세상을 이처럼 사랑하사 독생자를 주셨으니 이는 그를 믿는 자마다 멸망하지 않고 영생을 얻게 하려 하심이라 요 3:16

이 구절은 하나님의 사랑과 예수 그리스도의 은혜를 깊이 깨닫게 해준 구절이다. 방탕한 자리에서 예수 그리스도에게로 돌아오게 해준 생명의 구절이다. 하나님의 구원과 그 은혜를 모르고는 하나님의 영광을 위해 그 어떤 일도 할 수 없다. 뮬러는 하나님의 사랑과 그리스도의 은혜를 남달리 깨닫고 자주 십자가의 은혜를 바라보았다. 거기서 오는 힘과 기쁨은 형용할 수가 없었다.

2. 고아원을 세우는 데 기도의 기초와 큰 힘이 된 구절

네 입을 크게 열라 내가 채우리라 시 81:10

뮬러는 이 말씀을 한동안 붙들고 기도하며 묵상하는 가운데 고아원을 설립하는 일에 적용하기로 했다. 이 말씀은 시냇물 기도를 호수와 대양의 기도로 성장시켜 주었다. 그를 더욱 무릎 꿇게 했고, 풍성히 채워 달라고 입을 크게 열게 했다. 그 결과 애슐리 다운에 세계에서 제일 큰 고아원을 세워 하나님의 영광을 높이 드러낼 수 있었다.

뮬러는 일기에서 이렇게 고백했다.

"지난 3년 6개월 동안 나는 그 어떠한 것에 대해서도 사람들에게 도움을 요청하지 않았다. 내가 필요한 모든 것들을 주님 앞에 가져가 기도했을 때 그분은 자비롭게 다 공급해 주셨다. ……나는 15년 전 오늘 저녁 입을 크게 벌렸고 주님께서 지금까지 그것을 채워 주셨다."

풍성하신 사랑의 아버지께서는 뮬러의 일생을 풍성하게 해주셨고, 그 여파로 수많은 사람들이 육의 양식은 물론 영의 양식까지 공급받게 하셨다. 일반 사람들의 마음과 입은 하나님 보시기에 심히 작아져 있는데 뮬러의 기도하는 마음과 입은 남달리 컸다. 크신 하나님의 능력을 마음껏 체험하도록 충분히 열려 있었다.

뮬러가 사랑하며 실천했던 이 말씀은 심령이 좁은 가정과 교회, 단체, 그리고 이기적인 모든 그리스도인들을 향해 기도의 그릇을 키우라는 메시지다. 뮬러는 기도 제목들을 물질적인 부분만으로 제한하는 실수를 범하지 않았다. 뮬러는 가정에 머무르지 않고 하나님이 창조하신 우주를 바라보며, 근시안적이지 않고 세계와 미래를 내다보는 거시적인 눈으로 기도드렸다. 그런 뮬러를 하나님은 더욱 크게 사용하셨다.

3. 사명을 깨닫게 해준 구절

하나님은 고아의 아버지시며 시 68:5

이 구절은 뮬러의 일생에 가장 지대한 영향을 미친 말씀으로, 고아들을 위한 사역의 주춧돌이 되었던 말씀이다. 이 구절을 읽었을 때 그의 온 영혼이 전례 없이 감동되었다고 한다.

"수천 고아들을 하나님의 따뜻한 품속에서 그들이 필요로 하는 것들로 채우는 데에 충분한 용기를 제공해 주었다."

그는 이 말씀으로 말미암아 고아들을 위한 사역을 감당할 수 있었다.

"이 말씀은 궁핍할 때 고아들에 관해 그분 앞에 제시할 수 있는 내 논거가 되었다. 그분은 고아들의 아버지시다. 그러므로 그들을 위해 공급해 주실 것을 스스로 서약하셨다. 따라서 나는 그분에게 필요를 공급받기 위해 가난한 고아들의 필요를 상기시켜드리기만 하면 될 뿐이다."

4. 빚을 지지 않게 했던 구절

피차 사랑의 빚 외에는 아무에게든지 아무 빚도 지지 말라 롬 13:8

요즘 돈을 빌리는 일이 죄라고 생각하는 사람은 아무도 없을 것이다. 하지만 뮬러는 이 말씀을 의지해 사람에게 기대지 않고 하나님께 기도하는 것만으로 자신의 생계뿐 아니라 모든 고아들의 생계까지 책임지고 오히려 풍성하게 꾸렸다. 이는 그의 믿음을 잘 보여 준다.

5. 어려운 일에 성령을 의지하게 했던 구절

만군의 여호와께서 말씀하시되 이는 힘으로 되지 아니하며 능력으로

되지 아니하고 오직 나의 영으로 되느니라 슥 4:6

사람들은 불가능하다고 말한다. 그런데 하나님은 여전히 가능하다고 말씀하신다. 뮬러는 이것을 믿었다. 하나님의 일은 하나님의 영으로만 가능하다는 사실을 염두에 두고 사역에 임했다. 성령께 자신을 온전히 맡겼다. 성령을 전적으로 의지해 특별한 도움을 받아냈다.

6. 응답의 확신을 준 구절

기도를 들으시는 주여 시 65:2

뮬러가 섬긴 하나님은 기도를 들으시는 주님이셨다. 그는 응답을 주시는 살아 계신 하나님을 분명히 체험하고 증거했다. 기도해도 들어주시지 않는다면 얼마나 낙망이 되겠는가? 뮬러가 기도해도 하나님께서 들어주시지 않았다면 어떻게 고아원을 운영할 수 있었겠는가? 그러나 하나님은 뮬러의 기도를 기꺼이 들어주셨고, 우리의 기도도 들어주신다. 이 주님을 부르며 지속적으로 찾을 때 하나님이 제공해 주시는 응답의 은혜가 얼마나 큰지 알게 되리라.

7. 엄청난 응답의 역사를 불러일으켰던 구절

무엇이든지 기도하고 구하는 것은 받은 줄로 믿으라 그리하면 너희에게 그대로 되리라 막 11:24

뮬러는 이 구절로부터 기도에 대한 엄청난 믿음의 힘을 제공받았다. 뮬러는 철저히 이 말씀을 의지하고 기도드렸다. 다른 사람들이 믿기를 주저할 만한 열악한 상황에서도 뮬러는 하나님을 믿었으며, 사람들이 보기에 절망적인 순간에도 하나님의 응답 약속을 믿었다. 그러한 믿음을 하나님은 더욱 기뻐하셨다. 기도한 후 응답이 올 것을 확실하게 믿는 일은 대단히 중요하다. 결코 믿음을 버리지 말라.

8. 꾸지람을 받아들일 수 있게 한 구절

내 아들아 여호와의 징계를 경히 여기지 말라 그 꾸지람을 싫어하지 말라 대저 여호와께서 그 사랑하시는 자를 징계하시기를 마치 아비가 그 기뻐하는 아들을 징계함같이 하시느니라 잠 3:11-12

뮬러는 이 구절을 읽으면서 상당히 충격을 받았다. 이 말씀을 알고 있었으나 때때로 "꾸지람"을 싫어했음을 깨달았기 때문이다. 그래서 그는 하나님의 꾸지람들을 무시하거나 싫어하는 일이 없도록 완전한 약속이 이루어질 때까지 인내하며 기다릴 수 있게 해주시라고 기도드렸다.

9. 죄 용서함을 받게 해준 구절

자기의 죄를 숨기는 자는 형통하지 못하나 죄를 자복하고 버리는 자는 불쌍히 여김을 받으리라 잠 28:13

이 구절은 뮬러로 하여금 스스로의 죄책감에서 눈을 돌려 대속의 십자가와 은혜의 보좌를 바라볼 수 있게 해주었다. 뮬러는 자주 골방에 들어가 자신의 죄와 부족함을 주님께 고했고, 주님은 그의 죄를 용서하셨을 뿐만 아니라 불쌍히 여기시고 그의 사역을 놀랍게 축복해주셨다.

10. 하나님의 자비를 철저히 의뢰하게 한 구절

아버지가 자식을 긍휼히 여김같이 여호와께서는 자기를 경외하는 자를 긍휼히 여기시나니 시 103:13

뮬러는 사람들이 고아를 긍휼히 여기는 것보다도 하나님이 고아들을 긍휼히 여기시는 마음이 얼마나 큰지를 잘 알고 있었다. 또한 하나님은 고아들을 사랑으로 돌보는 뮬러를 긍휼히 여기셨다. 그것은 뮬러의 기도 소리를 들으신 사실에서 알 수 있다. 하나님은 그분의 자녀를 극진히 사랑하신다. 육신의 부모보다 더 큰 긍휼을 가지셨다. 누구든지 그분을 의지하고 그분 앞에 나아가 기도로 상의할 만하다.

11. 하늘에 애착을 가지게 한 구절

너희를 위하여 보물을 땅에 쌓아 두지 말라 마 6:19

뮬러의 관심은 이 세상이 아니라 하나님 나라였다. 그의 관심은 이 땅이 아니라 하늘나라였다. 하늘나라는 영원히 쇠하지도 않고, 누구도 침범할 수 없으며, 아무것도 잃지 않는 가장 안전한 곳이다. 뮬러는 그 하늘나라에 자신의 모든 것을 보관했다. 그리고 하나님이 책임져 주시고 보상해 주심을 확실히 믿었다.

12. 하루의 고민을 하나님께 맡기게 한 구절
한 날의 괴로움은 그날로 족하니라 마 6:34

뮬러는 간혹 당장 돈이 많이 필요할 때가 있었다. 하지만 그의 손에는 1파운드뿐이었다. 어느 날 4파운드가 넘는 돈이 들어왔다. 뮬러의 마음에 이런 생각이 스쳤다. "3파운드를 앞으로 필요한 것을 위해 저축해 두면 어떨까?" 그 순간 이 말씀이 떠올랐다. "한 날의 괴로움은 그날로 족하니라!" 그는 조금도 지체하지 않고 하나님께 자신을 내어 맡겼다. 그러고 나서 단 1페니도 남기지 않고 모든 사례금을 지불했다. 그날 하루를 온전히 하나님께 맡겼던 것이다.

13. 구제에 전념하게 해준 구절
너희 소유를 팔아 구제하여 눅 12:33

뮬러는 이 말씀을 마음에 두는 것으로 만족하지 않고 삶에서 실천했다. 60년이 넘는 고아원 사역을 통해 자신이 소유한 모든 것을 아낌없이 고아들을 위해 내주었다. 재물뿐 아니라 자신의 시간, 땀, 눈물까지 다 주었고, 마지막 남은 몸까지 브리스톨 고아원에 바쳤다. 그는 은밀한 구제를 통해 오는 희열의 진수를 맛보았다.

14. 구제를 좋아하게 해준 구절

흩어 구제하여도 더욱 부하게 되는 일이 있나니 과도히 아껴도 가난하게 될 뿐이니라 구제를 좋아하는 자는 풍족하여질 것이요 남을 윤택하게 하는 자는 자기도 윤택하여지리라 잠 11:24-25

이 구절을 자주 사용한 것으로 보아 뮬러가 얼마나 선교와 구제를 위해 살았는가를 알 수 있다. 세상 사람들은 일반적으로 땅에서의 부와 권세와 명예에 상당한 관심을 보인다. 하지만 뮬러는 땅에 보물 쌓기를 거부하고 하늘에 쌓는 일에만 관심이 있었다. 그러면서도 모자라기보다 오히려 풍성한 삶을 살았다. 그는 수천 명의 고아들을 먹이고도 남을 정도로 남을 위해 풍성하게 살다 간 믿음의 사람이다. 가장 가난한 자인 것처럼 보이지만 실상은 가장 부요한 자로 살았다. 하나님의 무수한 기적을 체험하며 살았다. 그것도 아름답고 가치 있게 말이다!

15. 풍성히 베풀게 했던 구절

주라 그리하면 너희에게 줄 것이니 곧 후히 되어 누르고 흔들어 넘치도록 하여 너희에게 안겨 주리라 눅 6:38

이 구절은 뮬러로 하여금 남에게 긍휼을 베푸는 습관을 갖도록 무척 감동을 준 말씀이다. 그는 이 구절의 약속을 철저히 신뢰하고 그것을 기도와 삶으로 입증했다.

"나는 내게 있는 것을 주었다. 그리고 하나님께서는 다시 넘치게 채워 주셨다."

그는 남을 위해 나누는 삶이 얼마나 소중하고 아름다운 것인지 보여 주었다. 그래서 받는 것보다 주는 것이 얼마나 더 복된 일인지 강조했다. 심지어 자기가 소유한 것을 베풀지 않으면서 기도하는 것은 바르지 못하다고 생각할 정도로 베푸는 일을 우선적이고 필수적인 일로 생각했다.

이런 뮬러였기에 그는 매우 가난하게 하나님의 일을 시작했지만 하나님은 넘치도록 채워 주셨다.

16. 수확의 원리를 깨닫게 해준 구절

이것이 곧 적게 심는 자는 적게 거두고 많이 심는 자는 많이 거둔다 하는 말이로다 고후 9:6

뮬러는 적은 것도 헌금하는 일에 주저하는 가난한 사람들에게 이런 질문을 던지기도 했다.

"당신의 수입이 적은 이유가 당신이 모든 돈을 당신만을 위해 지출했기 때문이라고 생각해 본 적은 없습니까?"

물론 이 질문에 부합하지 않는 가난한 사람들이 많다. 그러나 어떤 사람은 아예 조금이라도 물질에 희생당하는 것을 싫어해 어쩌면 하나님께서 많은 물질을 주셔도 그 나라와 그 의를 위해, 가난한 자들이나 병든 자들을 위해, 소외 계층의 사람들 등 어려운 이웃을 위해 전혀 사용하지 않고, 오직 자신의 안락만을 위해 써버릴 욕심이 있다는 점을 상기시킨 것이다.

뮬러가 세상에 올 때는 빈 손으로 왔지만, 기도로 고아원 사역을 하면서 사용했던 돈은 60년 동안 무려 150만 파운드나 되었다. 그 물질을 모두 선하게 사용하고 그는 빈 손으로 돌아갔다. 그러나 그를 통해 당시 브리스톨 고아원뿐만 아니라 그 후대에까지 하나님의 풍성한 은혜의 역사는 지속되었다.

뮬러, 그는 세상적으로 보기에는 가난했을지 몰라도 하나님의 부요를 보여 준 멋진 하나님의 사람이었다. 그는 참으로 하나님의 풍성하신 역사의 손길을 체험한 산 증인이었다.

17. 기도 제목을 나누며 함께 기도하게 했던 구절

진실로 다시 너희에게 이르노니 너희 중의 두 사람이 땅에서 합심하여 무엇이든지 구하면 하늘에 계신 내 아버지께서 그들을 위하여 이루게 하시리라 마 18:19

실타래처럼 복잡하게 뒤엉킨 삶의 비밀을 풀어 주는 하나님의 음성, 그 음성은 기도를 통해 들려온다. 여럿이 함께 드리는 기도의 정성이 더 크다. 뮬러는 기도를 많이 하면서도 자신의 기도만 들어주시고 다른 사람의 기도는 듣지 않으신다는 교만에 빠지지는 않았다. 자신의 기도 그 이상으로 다른 사람들의 기도를 소중히 여겼다. 그래서 자주 가까이 있는 사람들과 함께 기도 제목을 나누며 기도를 부탁했고, 또한 합심으로 기도하기를 좋아했다.

두세 사람의 합심 기도는 혼자 하는 기도 이상으로 큰 효과를 거둘 때가 많다. 어찌 뮬러 한 사람만의 기도의 힘으로 고아원 사역이 다 이루어졌겠는가. 마치 꽃 한 송이를 피우기까지 토양과 공기와 물과 햇빛이 함께 필요하듯이, 뮬러 주위에서 수고하며 희생한 부인과 자녀, 사위와 직원들 등 수많은 사람들의 기도가 뒷받침되었기에 가능했던 일이다.

18. 소원을 이루게 해준 구절

또 여호와를 기뻐하라 그가 네 마음의 소원을 네게 이루어 주시리로다
시 37:4

이 구절은 뮬러로 하여금 마음에 품었던 놀라운 꿈들을 다 이룰 수 있도록 도와준 무한한 힘이 된 말씀이다. 주님은 그의 소원을 결코 무시하거나 그냥 지나친 적이 없으셨다. 오히려 하나님을 의지하는 믿음의 사람 심령 가운데 소원을 두고 그분의 기쁘신 뜻을 이루셨다.

19. 어려운 일도 잘 극복하게 한 구절

우리가 알거니와 하나님을 사랑하는 자 곧 그의 뜻대로 부르심을 입은 자들에게는 모든 것이 합력하여 선을 이루느니라 롬 8:28

고아원 사역을 시작할 때와 진행할 때 사람들이 보기에 심히 어렵고 안타까운 순간들이 종종 있었다. 그러나 불행하게 보였던 상황들과 사건들도 하나님이 보시기에는 더욱 복된 일로 만들어 가는 하나의 과정에 불과했다. 오히려 그러한 환난들이 하나님 나라와 의를 위해 유익한 것으로 바뀌었다. 슬픈 일, 억울한 일, 고통스러운 일 등 모든 일은 다 하나님의 기쁘신 뜻을 이루기 위한 과정이다. 단, 내가 진정 하나님의 뜻대로 부르심을 입은 자라면!

20. 근심이나 염려를 없애 준 구절

너희 염려를 다 주께 맡기라 이는 그가 너희를 돌보심이라 벧전 5:7

이 구절은 모든 염려에서 뮬러를 해방시켜 준 구절이다. 그는 걱정거리가 생기면 혼자서 끙끙 앓기보다 말씀을 붙들고 기도하며 믿음으로 하나님께 맡겨 버렸다. 하나님은 그의 염려와 문제를 대신 염려하시고 해결해 주셨다.

21. 모든 근심을 기도로 해결하게 해주었던 구절

아무것도 염려하지 말고 다만 모든 일에 기도와 간구로, 너희 구할 것을 감사함으로 하나님께 아뢰라 빌 4:6

조지 뮬러가 아이들을 위해 기도하면서 흘렸던 눈물은 말이 없는 글이 되어 떨어졌다. 하늘 보좌 주변에 그 흔적을 남기며 수를 놓았을 것이다. 이 구절은 뮬러의 근심 걱정을 덜어 주었고, 어려운 환경에서도 그리스도의 평온을 누릴 수 있는 원동력이 되어 주었다. 나에게 닥치는 여러 가지 문제와 사건 사고들이 잠시 나를 당황하게 하고 근심으로 몰아가기도 하겠지만, 이 말씀을 붙잡을 때 근심에서 능히 건짐받게 된다. 이 말씀은 모든 일에 대해 기도하도록 요청하는 말씀이다. 뮬러, 그에게는 걱정할 이유가 없었다. 왜냐하면 기도를 들으시는 아버지께 즉시 나아가 아뢰기만 하면 되었기 때문이다.

22. 자신보다 하나님을 의지하게 한 구절

너는 마음을 다하여 여호와를 신뢰하고 네 명철을 의지하지 말라 너는 범사에 그를 인정하라 그리하면 네 길을 지도하시리라 잠 3:5-6

뮬러는 자신의 지혜와 재능을 의지하는 것이 얼마나 어리석은지 잘 알고 있었다. 뮬러는 모든 일에 하나님을 인정하고 의지했고, 그 대신 하나님은 뮬러의 길을 지도하시고 책임져 주셨다.

23. 하나님을 경영주로 모시게 한 구절

너의 행사를 여호와께 맡기라 그리하면 네가 경영하는 것이 이루어지리라 잠 16:3

뮬러는 고아원을 믿음으로 경영하면서 모든 행사를 하나님께 맡겼다. 그러자 하나님께서는 친히 경영주가 되셔서 성공적으로 이루어지게 해주셨다. 그는 자신의 힘만으로 추진하는 일이 없었다. 특히 큰일은 더욱 그러했다. 기도 가운데 하나님을 경영주로 모시고 그분께 모든 것을 맡겼다. 하나님은 믿음으로 살아가는 뮬러와 동행하셨고 모든 경영을 마지막까지 책임져 주셨다.

24. 모든 것을 다 얻을 수 있게 한 구절

자기 아들을 아끼지 아니하시고 우리 모든 사람을 위하여 내주신 이가 어찌 그 아들과 함께 모든 것을 우리에게 주시지 아니하겠느냐 롬 8:32

간구한 것은 무엇이든 다 받을 수 있다는 믿음과 용기를 일으켰던 구절이다. 하나님은 뮬러가 생각하는 것보다 훨씬 크고 풍성한 것으로 채워 주셨다. 하나님의 이런 사랑을 깊이 되새겨 본 일이 있는가? "자기 아들"까지 주신 사랑을 말이다!

25. 하나님의 사랑을 마지막까지 의지하게 한 구절

여호와여 주의 이름을 아는 자는 주를 의지하오리니 이는 주를 찾는 자들을 버리지 아니하심이니이다 시 9:10

뮬러는 주님의 이름을 알고 있었고, 하나님도 그의 이름을 아셨다. 뮬러는 계속 기도했고, 하나님은 계속 응답하셨다. 뮬러는 하나님의 향기 속에서 숨쉬며 친밀한 고백으로 하늘에 기도의 수를 놓았고, 하나님은 그 수를 따라 은은한 응답의 꽃들을 피어나게 하셨다. 뮬러는 마지막 순간까지 하나님을 의지했고, 하나님은 마지막 순간까지 뮬러를 돌보셨다.

하나님은 그분의 이름을 알고 그분을 의지하는 자들을 아무도 버리지 아니하신다. 어린아이때만 아니라 노년에 이르기까지 그리고 그 후에라도 버리지 아니하시고 인도해 주신다. 이것은 바로 우리의 기도에 앞서 하나님의 자비하심과 그 약속의 신실함 때문이다.

26. 인내의 능력을 일으켜 준 구절

우리가 선을 행하되 낙심하지 말지니 포기하지 아니하면 때가 이르매 거두리라 갈 6:9

이 구절은 뮬러로 하여금 낙심하지 않고 오래 기도하며 기다릴 수 있도록 도와준 능력의 말씀이다. 뮬러의 사역에 왜 낙심할 만한 일이 없었겠는가? 오히려 가장 어려운 시기, 가장 가난한 시기에 낙심할 만한 일은 수없이 발생했다. 그럼에도 불구하고 뮬러는 약속의 말씀을 가슴에 품고 하루하루 살았기에 하나님의 응답의 때까지 기다릴 수 있었다.

때로는 뮬러의 눈에 응답의 그림자조차 보이지 않는 경우도 있었으나 그럴 때마다 이 말씀을 굳게 붙잡고 기도하며 매일 믿음으로 나아갔다. 결국 그가 뿌린 수고와 기도의 씨앗은 가장 적절한 시기에 열매를 맺게 되었다.

27. 하나님만 유일한 도움으로 삼게 한 구절

어떻게 할 줄도 알지 못하옵고 오직 주만 바라보나이다 대하 20:12

뮬러는 의지의 대상이 유일하신 하나님 한분밖에 없었다. 고단하고 힘들 때 숭고한 대양의 광활한 사랑으로 다가오시는 그분의 감미로운 은혜의 손길은 그저 경이로울 뿐이다. 그 하나님 앞에 나아가 모든 문제 해결을 맛보았다. 하나님만이 유일하게 절대적인 신뢰자이며 공급자이셨다.

뮬러의 두 눈은 적은 양의 물품과 텅빈 지갑을 바라보지 않고 항상 주님의 풍성하심만을 바라보았다. 하나님은 자신을 전폭적인 믿음으로 바라보는 사람을 실망시키지 아니하신다. 충분히 도와주실 준비가 되어 있었고, 실제적으로 도와주셨다.

히스기야가 사형 선고를 받았을 때 그는 마음과 눈을 벽으로 향하고 여호와 하나님께 전심으로 간구했다. 그 순간 생명이 15년간 연장되는 놀라운 역사가 일어났다.

조지 뮬러, 그는 세계에서 제일 큰 고아원을 운영했지만, 너무나 겸손해서 후대에 자신의 이름을 크게 드러내지 않도록 경계했다. 그의 이름을 드러내기 위해 재정이 투자되지 않도록 주의를 주었다. 정말 그가 세상을 떠난 후 지금까지 그를 위한 기념비적 박물관은 만들어지지 않았다. 오히려 큰일을 하고도 아주 작은, 너무나 소박하고 아담

한 골방 같은 박물관을 후대가 만들었을 뿐이다. 마치 무명천으로 드리워진 하얀 안개 숲을 헤치고 볼 수 있는 소박한 마을의 정경처럼 그는 소박한 모습으로 본향을 향해 발길을 돌렸던 것이다.

계절의 팔랑개비 돌고 돌아 돌에 이끼가 피며 수천 년의 세월이 흘러도 뮬러의 진정한 사랑의 불빛은 꺼지지 않고 남아 있을 것이다.

부록

1. 뮬러의 가정과 건강 문제
2. 하나님의 뜻을 확인하기 위한 방법
3. 뮬러의 '응답받는 기도 원칙' 5가지

부록 1

뮬러의 가정과 건강 문제

가장 약한 것 같으면서도 가장 강한 사람, 그가 바로 조지 뮬러였다. 그의 육신은 약했으나 그의 영은 매우 강했다. 하나님께서는 매우 연약한 가정, 매우 연약한 사람을 통해 매우 큰일을 행하신다.

하나님은 연약한 한 인간, 한 가정을 어떻게 인도하셨는가. 심히 연약한 가정을 들어 쓰시는 하나님의 손길이 얼마나 오묘하신지!

뮬러는 1830년 헌신적인 치과의사의 여동생 메리 그로브스와 결혼했다. 그녀는 40여 년 동안 뮬러를 돕는 훌륭한 배필로 살았다.

1838년 6월 13일, 메리는 사산아를 낳는 엄청난 시련을 겪었다. 하지만 하나님의 놀라운 은혜로 그녀의 생명은 연장되었다. 사랑이 넘치는 결혼 생활을 한 지 29년이 지난 1859년 10월경에 또 다른 시련이 닥쳤다. 메리가 갑자기 류머티즘으로 앓아 누워 무려 아홉 달 동안 큰 고통을 겪었던 것이다. 하지만 자비하신 하나님께서는 그녀의 생명을 다시 연장시켜 주셔서 그 후 10여 년 동안 뮬러를 내조하며 훌륭히 섬기도록 붙들어 주셨다.

뮬러가 73세 되던 해 1870년 2월 6일 주일 오후 4시경, 그의 사랑하는 아내는 모든 수고와 고통에서 벗어나 고요히 주님 품에 안겼다. 그녀는 모든 사람에게 특별히 소중하고 특별히 아름다웠으며, 특별히 성결한 여성이요 아내로서 훌륭하게 섬겼던 믿음의 인물로 기억된 채 뮬러와 고아들의 눈앞에서 떠나갔다.

아내를 잃은 뮬러는 무척 고통스러웠고 그 슬픔은 말로 표현할 수 없었다. 하지만 믿음의 사람 뮬러는 하나님의 엄연한 섭리를 겸허히 받아들이고 친히 장례식을 집례하면서 오히려 주변 사람들과 1,200명의 고아들을 위로하며 격려했다. 당시 그를 돌본 의사는 뮬러가 지닌 초자연적 평강을 보고 친구에게 이렇게 말했다.

"나는 그렇게 초인간적인 사람을 본 적이 없네."

16개월이 지났을 즈음이었다. 뮬러처럼 아내를 잃은 제임스 라이트가 사랑하는 딸 루디아에게 청혼을 해왔다. 뮬러는 그것이 하나님의 뜻으로 확인되었을 때 결혼을 허락했다. 1871년 11월 16일 두 사람은 행복한 결혼을 해 뮬러의 고아원 사역에 함께 헌신하게 되었다.

딸의 결혼을 앞두고 뮬러는 상당히 외로운 상태였다. 주위에서는 재혼할 것을 강하게 권유했다. 뮬러 역시 주님의 사역을 도울 배필이 필요함을 느꼈다. 이를 위해 오랫동안 기도하던 중 하나님의 뜻으로 확인되었을 때, 25년 동안 변함없는 신자였던 수잔나 그레이스 생어에게 아내가 되어 달라고 요청했다. 자신과 함께 주님의 사역을 훌륭하게 도울 수 있는 가장 적합한 여성임을 깨달았기 때문이다. 그래서 딸이 라이트와 결혼한 지 14일 후에 생어와 함께 가정을 이루게 되었다. 그들은 주님을 위한 훌륭한 동역자가 되었다.

뮬러는 건강한 사람이었는가, 아니면 육체적으로 약한 사람이었는가? 그가 남긴 자료들과 그를 잘 알고 있는 사람들의 진술을 보면 그를 튼튼한 사람으로 언급하거나 기록한 곳은 한 곳도 없다. 오히려 전해오는 이야기와 수많은 자료들에 의하면, 그가 젊을 때부터 큰 병을 자주 앓았으며, 몸이 너무 약해 병역을 면제받았다고 한다. 또한 주위 사람들은 그가 일찍 죽거나 중한 병을 앓으리라고 추측했던 점을 미루어볼 때 그는 육체적으로 매우 연약했던 사람임에 틀림 없다.

1829년 5월경 뮬러는 병에 걸려 회복하기 힘들 만큼 환난을 당하기도 했다. 그런 중에도 항상 자신의 연약함을 깨닫고 부족함을 돌아보며 주님을 굳게 의지했다. 그는 자주 머리가 아파 상당히 고통을 겪었지만 주님의 은혜로 사역을 훌륭하게 감당했다. 특히 만 32세 되던 해인 1837년경에는 계속되는 두통으로 인해 정신적 혼란에 빠질 것을 두려워했을 정도로 몸이 약했다고 한다.

물론 그러한 연약함은 인간적인 눈으로 볼 때는 봉사 활동의 강행, 무리한 선교 활동, 열대 기후와 혹한, 맞지 않는 음식 및 생소한 생활 문화, 온갖 질병의 감염 위험 등 열악한 환경의 영향에서 온 것이다. 그럼에도 불구하고 자비하신 하나님께서는 육신이 연약한 뮬러를 그분의 훌륭한 도구로 크고 아름답게 사용하셨다. 진정 하나님은 성경에 나오는 바울처럼 연약한 자를 들어 그분의 위대한 도구로 사용하기를 기뻐하셨다!

하나님의 은총 가운데서 보호받은 뮬러, 그가 주님의 품에 안기기 한해 전 92세에 "나는 70세 이후로 변함없이 날마다 일할 수 있었습니다."라고 고백했을 정도로 그의 황혼기는 오히려 건강했다. 그는 앞에서 언급한 것과 같이 20여 년 동안 세계를 여행하면서 선교에 크게 기여하는 멋진 황혼기를 보냈다.

그는 건강을 유지할 수 있었던 이유를 세 가지로 밝혔다.

첫째, 하나님과 사람을 거스르지 않도록 항상 양심을 지켰다.

둘째, 성경에 대해 느낀 사랑과 그 성경이 자신의 전존재에 끼친 회복의 능력이었다.

셋째, 모든 근심과 수고에 대한 쓸데없는 걱정과 눈물로부터 자신을 구해 주신 하나님과 그분의 사역 안에서 느낀 행복이었다.

부록 2

하나님의 뜻을 확인하기 위한 방법

하나님의 뜻을 모르는 일보다 더 어리석은 것은 없다. 하나님은 모든 그리스도인들이 그분의 뜻을 정확하게 알기를 원하신다. 그 원리는 반드시 성경에 기초해야 한다.

뮬러는 하나님의 뜻을 알기 위한 방법을 6가지 정도로 밝혔는데 그대로 소개하고자 한다.

첫째, 주어진 상황에 대해 나 자신의 사사로운 뜻이 개입되지 않도록 유지한다. 대부분의 문제는 여기에 해결책이 있다. 즉 주님의 뜻이 어떠하든 우리의 마음이 그분의 뜻을 행하려고 준비되기만 하면 어려움의 십중 팔구는 해결된다. 그 상태가 되면 일반적으로 하나님의 뜻이 무엇인지 파악할 수 있다.

둘째, 결과를 감정이나 막연한 느낌에 맡기지 않는다. 만일 그렇게 한다면 망상에 자신을 맡기는 큰 과오를 범하게 될 것이다.

셋째, 하나님의 말씀을 따라 혹은 그것과 연관지어 하나님의 성령의 뜻을 찾는다. 성령과 말씀은 결합되어야 한다. 만일 말씀 없이 성령만 추구한다면 이것 역시 우리를 망상에 사로잡히게 한다. 성령께서 우리를 인도하실 때는 성경에 따라 하시지 결코 성경과 반대되게 인도하시지 않는다.

　넷째, 주어진 환경과 여건을 참고로 살펴본다. 때로는 이런 여건이 하나님의 말씀과 성령에 관련된 하나님의 뜻을 나타내기도 한다.

　다섯째, 하나님의 뜻을 바로 나타내 주시기를 기도로 간구한다.

　마지막으로, 하나님께 드린 기도, 말씀 공부, 반응 등을 연구한 후에 내 능력과 지식을 최대한 발휘해 신중한 판단을 내린다. 만일 마음에 평안이 있고, 두세 번의 간구 후에도 계속 평안하다면 그것을 따라 행동에 옮긴다.

　일상 생활의 사소한 일부터 가장 중요한 문제들, 그리고 업무상 다루는 모든 일들을 처리하는 데 있어서 이 방법이 가장 효과적이었다.

부록 3

뮬러의 '응답받는 기도 원칙' 5가지

기도는 함부로 하는 것이 아니다. 기도를 잘하려면 성경에 근거한 기도의 원리를 잘 배워야 한다.

뮬러는 일생 동안 5만 번 이상 기도 응답을 체험한 사람이다. 하나님께 그러한 응답을 받아낼 수 있었던 요인은 하나님 편에서의 절대적인 은혜의 주권 외에 인간 편에서 5가지의 기도 원칙을 정해 잘 실천한 데 있었다.

1. 축복에 대한 모든 주권의 유일한 근거가 주 예수 그리스도의 공로와 중보라는 것을 전적으로 확신한다 요 14:13-14, 15:16 등. 모든 기도의 근거가 대제사장 되신 주님 한분에게 있음을 알고 그분과 하나 되도록 요청하고 있다.

2. 알고 있는 모든 죄로부터 완전히 떠난다. 마음속에 죄를 품으면 하나님께서는 그 기도를 듣지 않으신다. 이는 죄를 인정하는 결과가 되기 때문이다 시 66:18.

3. 하나님 그분의 서원에 의해 확증된 하나님의 약속의 말씀에 믿음을 보인다히 6:13-20, 11:6. 하나님이 살아 계신 것처럼 그 말씀도 생명력이 있기에 약속의 말씀을 굳게 신뢰하고 간구할 때 상을 주신다.

4. 하나님의 기쁘신 뜻을 따라 간구한다. 기도 동기가 순수해야 한다. 특히 육신의 정욕을 위해 하나님의 선물을 함부로 구해서는 안 된다약 4:3; 요일 5:13.

5. 계속 끈질기게 간구한다. 씨를 뿌린 농부가 추수의 때를 끈기 있게 기다리듯이 응답이 오기까지 하나님을 굳게 믿으며 기다려야 한다눅 18:1-8; 약 5:7.

Come And See (캄엔씨) 선교회 뜻:와보라, 요 1:46 참조

C.A.S선교회는 국내에 있는 초교파 복음주의에 속한 몇몇 대학생과 일반 직장인 20여 명이 1981년 5월 5일 한양대에서 하나님의 일을 위해 첫 모임을 가진 후 한양대 캠퍼스에서 성경공부와 Q.T. 및 기도로 신앙의 끈을 다지며 비전을 키워 왔다.

1988년부터 선교에 힘을 얻기 위해 서울 종로 사랑방 교회에서 매주 말씀과 기도 모임을 열고, 선교사를 초청해 말씀을 듣고 기도하며 세계를 가슴에 품고 선교의 비전을 넓혀 가던 중 1989년 새로운 계기를 맞았다.

세계 선교 비전에 대한 뜨거운 열정은 있으나 인적 물적 자원의 한계를 느낀 헌신된 회원 몇몇이 교회를 세우기로 결정을 내렸다. 그 비전대로 하나님께서는 1990년 5월 5일 부천 기쁨의 교회를 개척하게 하시고, 1991년에는 서울 녹번동 기쁨의 교회, 1992년에는 잠실 기쁨의 교회, 1994년 11월에는 안산 영광 교회를 개척하도록 인도하셨다.

이후 주님의 지상명령인 마태복음 28:18-20과 사도행전 1:8의 세계 선교 사명의 작은 부분이라도 감당하고자 선교의 길을 모색해 왔다. 그리하여 문서선교와 그린지식문화 프로젝트를 세워 지구촌에 영향을 끼치려고 오늘도 세계를 가슴에 품고 기도로 비전을 키워 가고 있다.

사명선언문

너희가 흠이 없고 순전하여……세상에서 그들 가운데 빛들로
나타내며 생명의 말씀을 밝혀 _ 빌 2:15-16

1. 생명을 담겠습니다
만드는 책에 주님 주신 생명을 담겠습니다.
그 책으로 복음을 선포하겠습니다.

2. 말씀을 밝히겠습니다
생명의 근본은 말씀입니다.
말씀을 밝혀 성도와 교회의 성장을 돕겠습니다.

3. 빛이 되겠습니다
시대와 영혼의 어두움을 밝혀 주님 앞으로 이끄는
빛이 되는 책을 만들겠습니다.

4. 순전히 행하겠습니다
책을 만들고 전하는 일과 경영하는 일에 부끄러움이 없는
정직함으로 행하겠습니다.

5. 끝까지 전파하겠습니다
모든 사람에게, 땅 끝까지, 주님 오시는 그날까지
복음을 전하는 사명을 다하겠습니다.

서점 안내

광화문점 서울시 종로구 새문안로 69 구세군회관 1층
02)737-2288 / 02)737-4623(F)

강남점 서울시 서초구 신반포로 177 반포쇼핑타운 3동 2층
02)595-1211 / 02)595-3549(F)

구로점 서울시 동작구 시흥대로 602, 3층 302호
02)858-8744 / 02)838-0653(F)

노원점 서울시 노원구 동일로 1366 삼봉빌딩 지하 1층
02)938-7979 / 02)3391-6169(F)

일산점 경기도 고양시 일산서구 중앙로 1391 레이크타운 지하 1층
031)916-8787 / 031)916-8788(F)

의정부점 경기도 의정부시 청사로47번길 12 성산타워 3층
031)845-0400 / 031)852-6930(F)

인터넷서점 www.lifebook.co.kr